Mitarbeiter-motivation lernen

Mitarbeiter
– auch ältere –
richtig motivieren

Motivationale Aspekte der langfristigen Mitarbeiterbindung verstehen und anwenden

Malte Schabitz

Inhaltsverzeichnis

1. Einführung 1

2. Was ist Motivation? 4

  2.1 Intrinsische und extrinsische Motivation ... 6

  2.2 Motivationstheorien 9

  2.3 Bedürfnispyramide nach Maslow 10

  2.4 ERG-Theorie 11

  2.5 Zwei Faktoren-Theorie 14

  2.6 VIE-Theorie von Vroom 17

3. Führungsstile 20

  3.1 – 1. Der autoritäre Führungsstil 22

  3.2 – 2. Der kooperative Führungsstil 23

  3.3 – 3. Der Laisser-faire-Führungsstil 26

  3.4 Die Transformale Führung 29

4. Motivationstypen 32

5. Arbeitszufriedenheit 37

6. Was ist Mitarbeitern wichtig? 39

6.1 Arbeitsplatzsicherheit 39

6.2 Erfolgserlebnisse 40

6.3 Arbeitsbedingungen.......................40

6.4 Zeit für Privat- und Familienleben 43

6.5 Kompetenz der Vorgesetzten 45

6.6 Einen Sinn sehen 46

7. Was ist Mitarbeitern weniger wichtig? 51

7.1 Vorbilder....................................51

7.2 Status und Titel 52

7.3 Beziehung zu Vorgesetzten 53

7.4 Verantwortung übernehmen 53

7.5 Beschäftigungsfähigkeit 54

8. Das Generationen-"Problem" 56

8.1 Vorurteile....................................56

8.2 Vorzüge älterer Mitarbeiter 57

9. Maßnahmen zur Verbesserung der Motivation 61

9.1 Die richtige Kommunikation ist wichtig ... 63

9.2 Mitarbeitergespräche 66

9.3 Kreativität und Innovation 76

9.4 Notwendige Voraussetzungen
schaffen 88

10. Motivationsmanagement 91

10.1 Gehalt 92

10.2 Arbeitsinhalt 94

10.3 Arbeitszeit... 95

10.4 Zielvereinbarungen 99

10.5 Maßnahmen für ältere
Mitarbeiter 104

11. Zusammenfassung....................... 110

1. Einführung

Mitarbeiter sind – der Name sagt es eigentlich auch – Kollegen, die *miteinander* arbeiten. Man gebraucht den Begriff bewusst als Abgrenzung zum Arbeiter, der eine vorgeschriebene und strukturierte Arbeit durchführt. Dennoch verschwimmen die Unterschiede immer mehr. Arbeiter sind heute viel mehr spezialisiert, sind in Teams zusammengefasst und den Kollegen in den Büros zunehmend gleichgestellt. Dieser Wandel hat auch Auswirkungen auf die Motivation. Bis in die Achtzigerjahre war das Gehalt der wichtigste Motivationsgrund, vor allem aus Sicht der Arbeitgeber. Die Arbeitnehmer haben schon immer Wert auf weitere Faktoren, wie Arbeitsplatz und Qualität der Arbeit, gelegt, was aber weitgehend ignoriert wurde. Selbst Peter Druckers Vorstellungen vom modernen Management brauchten Jahrzehnte, um adaptiert zu werden.

Heute ist Mitarbeitermotivation wichtiger denn je. Du wirst mit unzufriedenen Mitarbeitern schnell Probleme bekommen. Auf der anderen Seite kann die richtige Motivation ungekannte Potenziale freisetzen.

Angestellte haben heute eine bessere Verhandlungsposition, vor allem wenn sie hochqualifiziert sind. Man kann sie mit einem Traumgehalt allein nicht locken, sie können heute auf einem kleiner werdenden Angebotsarbeitsmarkt weitere Forderungen stellen. Damit Du Deine Leute bei der Stange halten kannst, wirst Du eine breite Palette an Maßnahmen brauchen, die sie motivieren können. Es gibt aber kein Geheimrezept. Du wirst die Methoden und Vorschläge Deinem Unternehmen und den Bedürfnissen der Mitarbeiter entsprechend anpassen müssen. Dabei solltest Du immer den alten Spruch der PR-Branche im Hinterkopf haben: "Der Köder muss dem Fisch schmecken, nicht dem Angler." Wenn Du es toll findest, mal mit allen Kollegen ein Wochenende am Campingplatz zu verbringen, muss das nicht heißen, dass diese auch so begeistert sind. Vor allem wenn sie ohnehin Urlaube im Zelt oder Wohnmobil verbringen.

Motivation bedeutet an erster Stelle, die Bedürfnisse der Mitarbeiter zu kennen. An zweiter Stelle steht dann, ihre Potenziale zu kennen und richtig einzuschätzen.

Motivationsmaßnahmen verfolgen dabei meistens zwei Ziele:

- Mitarbeiter zu halten

- Leistungen zu erhöhen

Beides wird Dir nur gelingen, wenn die Motivationsmaßnahmen auch glaubhaft sind. Schnellschüsse, wie einen kleinen Bonus auszuzahlen, wenn Deine Angestellten eine Mitarbeitervertretung ins Leben rufen wollen, bringen nichts. Übrigens muss eine Mitarbeitervertretung oder ein Betriebsrat keine schlechte Sache sein, solange Du nicht auf Konfrontationskurs gehst.

In diesem Buch sollst Du die Grundlagen der Motivation, den Zusammenhang mit den Führungsmethoden und einige wirksame Maßnahmen kennenlernen. Es wird dabei auch ausdrücklich auf ältere Menschen eingegangen, von etwa 50 aufwärts. Was motiviert sie, welche Bedürfnisse haben sie, was bringen sie einem Unternehmen?

2. Was ist Motivation?

Motivation bedeutet ursprünglich Bewegung, das Wort kommt aus dem Lateinischen. Es wird heute im übertragenen Sinne benutzt, wir wollen Menschen dazu bewegen, besser zu arbeiten, mehr zu arbeiten, zufriedener zu sein. Die Mitarbeitermotivation ist eines der wichtigsten Management-Instrumente geworden und Mitarbeiter sind ein bedeutendes Asset. Gerade in Zeiten, in denen die tatsächlichen Qualifikationen und Fähigkeiten eine immer größere Rolle spielen, müssen Unternehmen versuchen, ihre Fachkräfte zu halten. Dabei gibt es verschiedene Motivationsmodelle, die sich in den Zielgruppen, aber auch in den Altersklassen unterscheiden. Allen gemein ist, dass Motivation sowohl ein Anschub als auch ein Anreiz ist, mehr und/oder bessere Arbeit zu leisten und dieses auch selbst zu wollen.

Dabei ist Dein Personal sehr heterogen. Einen Unterschied gibt es zum Beispiel bei den Altersklassen. In einem Aufsatz über die Motivation älterer Menschen schreibt Christian Stamov Roßnagel:

"Bei Jüngeren ist beispielsweise die Karriere ein wichtiger Treiber, sodass die Arbeitsmotivation über verschiedene Aufgaben hinweg relativ hoch ist. Selbst für Aufgaben, die mit den eigenen arbeitsbezogenen Bedürfnissen nur gering kompatibel sind, herrscht vergleichbar hohe Motivation. Anders formuliert: man nimmt um der Karriere willen bestimmte Aufgaben 'in Kauf'. Wichtig in diesem Zusammenhang: entgegen dem alltagssprachlichen Verständnis heißt Motivation nicht zwangsläufig, dass eine Aufgabe Spaß macht, sondern dass man bereit ist, sich in einer Aufgabe zu engagieren, weil man damit ein bestimmtes Ziel verfolgt. Bei Älteren gewinnt die motivationale Selektivität, also das Erstreben positiver Emotionen und das Vermeiden negativer Emotionen, größere Wichtigkeit; Karriereziele treten in den Hintergrund. Und dann ist es durchaus wichtig, ob eine bestimmte Aufgabe mit den eigenen Motiven kompatibel ist. Ist sie das nicht, sinkt die Motivation dafür. Und im Gegenzug kann die Motivation für andere Aufgaben durchaus steigen."[1]

---

[1] Roßnagel, C. R. (2009): Die Arbeitsmotivation älterer Beschäftigter: Eine Frage des Profils!, S. 129 f. In: Marie-Luise und Ernst Becker Stiftung: Gesundheit, Qualifikation und Motivation älterer Arbeitnehmer - messen und beeinflussen, Dokumentation der Tagung am 01. und 02. Oktober 2009 in Bonn, S. 126-150

2.1 Intrinsische und extrinsische Motivation

Allgemein kann man zwischen zwei Motivationsarten unterscheiden: Die Motivation, die von innen heraus kommt und die Motivation, die von außen ausgelöst und gefördert wird. Die Fachbegriffe sind dafür die intrinsische und die extrinsische Motivation. Die intrinsische Motivation lässt sich mit Begriffen wie Antrieb, Bedürfnis, Wunsch oder Wille beschreiben. "Bei der intrinsischen Form ist es die Aufgabe selbst, die eine Person motiviert, wohingegen ein extrinsisch motiviertes Verhalten von äußeren Einflüssen herrührt. Dies kann zum Beispiel eine Belohnung sein, die demjenigen, der eine Tätigkeit ausführen soll, in Aussicht gestellt wird. Ein wichtiger Unterschied zwischen ex- und intrinsischer Motivation ist, dass eine von innen her motivierte Handlung grundsätzlich Freude bereitet. Intrinsisch Motivierte können sich scheinbar mühelos stundenlang mit ihrer Aufgabe beschäftigen, bei einer rein extrinsischen Motivation hingegen kann es passieren, dass die Person sich überfordert oder sogar gelangweilt fühlt."[2]

---

[2] Scherny, J. (2012): Mitarbeitermotivation – eine geeignete Maßnahme gegen Unzufriedenheit am Arbeitsplatz?, S.16

Im Unternehmen wirst Du versuchen müssen, eine Balance zu schaffen. Mitarbeiter müssen einen eigenen Grund finden, motiviert zu sein. Sehr oft sind diese Gründe in der Firmenkultur und der Vision zu finden. Wer daran glaubt, mit seiner Arbeit die Welt etwas besser zu machen und Menschen zu helfen, hat schon deshalb einen höheren Motivationsgrad. Versuche, von außen zu motivieren, können überfordern und manchmal auch hilflos wirken.

In einem kleinen Unternehmen wurde ein Mitarbeiter zum Geschäftsstellenleiter befördert. Er war zuvor schon Stellvertreter gewesen, nun lastete aber die ganze Verantwortung auf ihm. Er war schon lange dabei, hatte freundschaftliche Beziehungen zu den meisten Kollegen. Aber mit der neuen Stelle und einem eigenen Büro begann er sich abzukapseln. Die Kommunikation mit Kollegen wurde immer spärlicher. Ein Kollege gab ihm den Rat, offener zu sein, aber auch mal zum Beispiel eine Runde Eis im Sommer zu spendieren, um die Laune zu steigern. Daraufhin gab er dem Kollegen 20 Euro und bat ihn, das Eis zu kaufen. Er hatte nicht verstanden, dass es nicht darum ging, einmalige Aktionen zu machen, und schon gar nicht darum, diese auch noch zu delegieren. Vielmehr hätte er das selbst machen sollen (das Team war recht klein), auch, um zu zeigen, dass er nach wie vor Teil der Mannschaft ist.

Motivation braucht nicht nur Personen, die motivieren, und solche, die motiviert werden wollen, sondern auch den geeigneten Rahmen und die passende Umgebung.

Eine Untersuchung in einer Bank in Bangladesch wollte herausfinden, welche Faktoren eine große Rolle spielen, damit Mitarbeiter die "Extra-Meile" gehen, also über das normale Pensum hinaus Leistungen erbringen. Es wurden Befragungen durchgeführt. Die Forscher folgerten auf der Grundlage der Untersuchungen, dass die Motivation in der Tat einen erheblichen Einfluss auf die Leistung der Mitarbeiter hat. Aus der Datenanalyse ließ sich eindeutig ableiten, dass die bei der Umfrage berücksichtigten Faktoren (extrinsische Faktoren, Bereicherung und Leistungsbewertung von Arbeitsplätzen, Beziehungen und Arbeitsplatzsicherheit, Entscheidungskompetenz, Wachstumschancen usw.) die Leistungsbereitschaft und Zielerreichung der Mitarbeiter der jeweiligen Organisation dominierten. Die Faktoren, die im Rahmen der extrinsischen

Motivation wichtig sind, waren Gehalt, die finanziellen Anreize und das Vergütungspaket. Die Faktoren, die unter Bereicherung des Arbeitsplatzes und Leistungsbeurteilung als wichtig genannt wurden, waren Arbeitsumfeld, Verantwortung, Beförderung sowie Anerkennung und Wertschätzung für geleistete Arbeit. Die unter Beziehungen und Sicherheit aufgeführten Faktoren waren die Beziehungen zu Vorgesetzten, Gleichaltrigen und die Arbeitsplatzsicherheit. Darüber hinaus wurden Entscheidungsbefugnisse, Wachstumschancen und Perspektiven berücksichtigt.[3]

2.2 Motivationstheorien

Motivation ist in der Psychologie die Kunst, Bedürfnisse von Menschen befriedigen zu können und dafür eine Leistung zu bekommen. Um Menschen motivieren zu können, musst Du also wissen, was deren Bedürfnisse sind. Wissenschaftler haben sich seit Jahrhunderten Gedanken darüber gemacht, was uns antreibt und welche

---

[3] Nurun Nabi; Islam M.; Dip T. M., Hossain, A. A. (2017) Impact of Motivation on Employee Performances: A Case Study of Karmasangsthan Bank Limited, Bangladesh. Arabian Journal of Business and Management Review, Vol. 7: 293

Bedürfnisse wir über Essen, Trinken und Vermehrung hinaus haben. Vier Modelle sind dabei die wichtigsten Ansätze.

2.3 Bedürfnispyramide nach Maslow

Abraham Maslow versteht Bedürfnisse als eine Pyramide, die aus verschiedenen Ebenen besteht. Die unterste Ebene bilden die physiologischen Bedürfnisse, wie Essen, Überleben, Wohnen. Wenn wir diese befriedigt haben, spielt als Nächstes Sicherheit eine Rolle. Darunter kannst du Jobsicherheit verstehen, aber auch ein geregeltes Einkommen, Schutz vor Verfolgung und generell keine Angst haben zu müssen. In der dritten Ebene ordnet Maslow die sozialen Bedürfnisse an. Wir wollen mit anderen Menschen zusammen sein, suchen Geborgenheit, den Austausch, die Kommunikation mit Mitmenschen. Erst dann kommen unsere individuellen Bedürfnisse, zum Beispiel Lob von anderen, unser Selbstbewusstsein, unser Stolz. Sind alle diese Bedürfnisse erfüllt, sind wir in der Lage, uns selbst zu verwirklichen, unserem inneren Drang zu folgen und zufrieden zu sein. Maslow sagt, dass wir nach der Befriedigung einer Ebene immer die nächste als neues Ziel suchen. Es ist allerdings umstritten, ob man dies so pauschal sagen kann. Ein Mönch zum Beispiel kann sich selbst verwirklichen, ohne wirklich alle Grundbedürfnisse erfüllt zu haben. Das Modell beschreibt auch die ersten vier Stufen als Defizitmotive, weil wir etwas nicht haben. In den höheren Ebenen spricht man von Wachstumsmotiven, weil sie uns voranbringen und wir uns verbessern können.

2.4 ERG-Theorie

Diese Theorie wurde von Clayton Alderfer als Weiterentwicklung der Maslow-Ideen entwickelt. Sie versucht die Bedürfnisse der Menschen in einem Unternehmen besser zu beschreiben. Unterschieden werden drei Klassen:

- **Existenzbedürfnisse** (Existence needs) – die Grundbedürfnisse, die wir zum Leben brauchen, wie Nahrung, Kleidung, aber auch Entlohnung und Geld.

- **Beziehungsbedürfnisse** (Relatedness needs) – soziale Kontakte und Beziehungen, die wir entwickeln und auch am Arbeitsplatz brauchen.

- **Wachstumsbedürfnisse** (Growth needs) – das Bedürfnis, sich weiterentwickeln zu wollen sich auch selbst verwirklichen zu können.

In der ERG-Theorie gelten einige grundlegende Prinzipien:

- Frustrations-Hypothese: Wenn ein Bedürfnis nicht befriedigt wird, wird es dominant.

- Frustrations-Regressions-Hypothese: Wenn ein Bedürfnis nicht befriedigt werden kann, dann wird jenes dominant, das am nächsten liegt.

- Befriedigungs-Progressions-Hypothese: Wenn ein Bedürfnis befriedigt wird, wird automatisch das nächst höhere ein neues dominantes Bedürfnis.

- Frustrations-Progressions-Hypothese: Auch auf längere Sicht hin nicht befriedigte Bedürfnisse können andere aktivieren.

Daraus kann man einige Aussagen ableiten:

- Weniger befriedigte Existenzbedürfnisse werden umso stärker.

- Weniger befriedigte Beziehungsbedürfnisse werden umso stärker.

- Weniger befriedigte Beziehungsbedürfnisse stärken Existenzbedürfnisse.

- Weniger befriedigte Wachstumsbedürfnisse stärken Beziehungsbedürfnisse.

- Wenn Existenzbedürfnisse befriedigt sind, werden die Beziehungsbedürfnisse stärker.

- Wenn die Beziehungsbedürfnisse befriedigt sind, werden Wachstumsbedürfnisse stärker.

- Selbst, wenn Wachstumsbedürfnisse befriedigt sind, werden sie noch immer stärker.

2.5 Zwei Faktoren-Theorie

Die Autoren Frederic Herzberg, Bernard Mausner und Barbara B. Snyderman veröffentlichten 1959 eine Studie unter dem Titel "The Motivation of Work", aus deren Ergebnissen sie eine Theorie für die Motivation am Arbeitsplatz ableiteten. Sie sahen dabei zwei wichtige Faktoren:

Die **Arbeitszufriedenheit** wird von sogenannten Motivatoren ausgelöst, die **Arbeitsunzufriedenheit** wird von Hygienefaktoren ausgelöst.

Um herauszufinden, welche Faktoren die Zufriedenheit und Unzufriedenheit beeinflussen, führten Herzberg und seine Kollegen eine Befragung durch, die auf der Methode der kritischen Ereignisse basierte. Es wurden insgesamt 1685 Personen aus unterschiedlichen Branchen und in unterschiedlichen Positionen befragt, was in den vergangenen Jahren zu großer Zufriedenheit und was zu Unzufriedenheit geführt hat. Es zeigte sich, dass beides abhängig von Ereignissen ist. Solche, die die Tätigkeiten selbst betragen und verbesserten (intrinsische Faktoren) resultieren meistens in Zufriedenheit, selten nur in Unzufriedenheit. Die extrinsischen Faktoren, die das Umfeld bestimmt, waren hingegen öfter für die Unzufriedenheit verantwortlich.[4]

Herzberg und seine Kollegen sahen als Ereignisse, die zur Unzufriedenheit führen können:

- Unternehmenspolitik

- Dienstaufsicht

- Vorgesetzte

- Arbeitsbedingungen

- Gehalt

- Verhältnis zu Kollegen

- Verhältnis zu Untergebenen

- Privatsphäre

- Status

- Sicherheit

---

[4] Haarhaus, B.: Herzbergs Zwei-Faktoren-Theorie. URL: https://arbeitszufriedenheit.net/herzbergs-zwei-faktoren-theorie/ [Stand: 11-12-2019]

Zufriedenheit kann ausgelöst werden durch:

- Leistung

- Anerkennung

- Arbeitsinhalte

- Verantwortung

- Beförderung

- Wachstum

Das Problem der Zwei-Faktoren-Theorie ist zum einen, dass sie auf nur einer Studie beruht, zum anderen, dass sie nicht eindeutig ist. Die Faktoren sind aus Befragungen extrahiert, aber nicht wieder verifiziert worden. Dennoch gibt das Modell einen neuen Blickwinkel auf die Motivation. Wie bei den meisten sozialwissenschaftlichen und psychologischen Theorien ist sie einer von vielen Erklärungsansätzen, mit teilweise recht guten Argumenten.

2.6 VIE-Theorie von Vroom

Die VIE-Theorie definiert menschliches Verhalten als eine Entscheidung, die die Wahl zwischen verschiedenen Alternativen voraussetzt und dabei stets darauf gerichtet ist, den subjektiv erwarteten Nutzen zu maximieren. Wenn Du viel arbeitest, bekommst Du viel Geld, also bist Du motiviert, viel und gut zu arbeiten. Die Abkürzung steht für **Valenz, Instrumentalität und Erwartung.**

Valenz ist die Wertigkeit eines Bedürfnisses für einen bestimmten Menschen. Sie ist variabel und nicht absolut zu beschreiben. Für den einen ist Gehalt wichtiger, für den anderen das Betriebsklima.

Unter **Instrumentalität** wird die Erwartung verstanden, die man an ein Unternehmen oder eine Organisation stellt, die Bedürfnisse auch erfüllen zu können. Man geht davon aus, dass die Organisation die Bedürfnisse befriedigen kann.

Die **Erwartung** wird unterschieden in die Wahrscheinlichkeit, dass diese Befriedigung auch wirklich stattfindet und die Erwartung, dass man mit seinem Handeln diese Befriedigung fördern oder auslösen kann.

Etwas einfacher formuliert besagt die Theorie: Wer ein Bedürfnis hat und davon ausgeht, dass ein Unternehmen auch in der Lage ist, es mit einer gewissen Wahrscheinlichkeit zu befriedigen, wird auch motiviert sein.

Der interessanteste Ansatz ist dabei wohl, dass es unterschiedliche Bedürfnisse gibt, die erfüllt werden müssen.

Eine Erweiterung ist das Modell von Porter und Lawler. Hier sind **Anstrengung, Leistung, Belohnung und Zufriedenheit** die zentralen Faktoren:[5]

Anstrengung

Als Anstrengung wird die Intensität des Einsatzes von einem Mitarbeiter bei der Erfüllung der Aufgaben bezeichnet. Welches Ausmaß an Energie wird zur Erfüllung einer Aufgabe aufgewendet, bzw. wie stark ist sein Wille, eine Arbeitsleistung einzubringen.

---

[5] Josef, H. (2016): Einfluss der Führungskraft auf die Mitarbeitermotivation, St. Andrä, S. 21

Leistung

Die Leistung ist das bewertete Ergebnis einer Arbeitshandlung des Unternehmens. Dieses hängt zudem von der Persönlichkeit, den Fähigkeiten sowie von
der Rollenwahrnehmung des jeweiligen Mitarbeiters ab. Aufgrund dessen ist auch
bei einer großen Anstrengung ein niedriges Arbeitsergebnis durchaus denkbar oder möglich.

Belohnung

Die von der Unternehmung gewährten Belohnungen können entweder intrinsischer Art (z. B. Erfolgserlebnisse, Anerkennung usw.) oder extrinsischer Art (z. B. Arbeitsplatzsicherheit, Entlohnung, usw.) sein. Die wahrgenommene Gerechtigkeit der Belohnung durch den Mitarbeiter ist äußerst wichtig für das Ausmaß der empfundenen Zufriedenheit.

Zufriedenheit

Zufriedenheit tritt letztendlich dann ein, wenn die tatsächlichen Belohnungen den Erwartungen der Mitarbeiter entsprechen oder sie gar übersteigen.

3. Führungsstile

Über Jahrzehnte hinweg haben sich ganz unterschiedliche Führungsstile entwickelt, die aber heutzutage nicht mehr alle als modern angesehen werden. Um die Entscheidung für oder gegen einen Führungsstil treffen zu können, sollten die wichtigsten Stile aber bekannt sein. Wichtig ist hier, dass es in diesem Fall kein richtig oder falsch gibt, die Art der Führung sich aber stark auf die Mitarbeitermotivation auswirkt. Es ist somit von Bedeutung, den passenden Stil für das Unternehmen und für die eigene Persönlichkeit zu finden.

Grundsätzlich muss irgendwann ein bestimmter Führungsstil genutzt werden, damit die Firma erfolgreich bleibt. Der falsche oder ein nicht vorhandener Stil können demotivieren und zu Misserfolgen führen. Ganz wichtig ist hier auch der Grundgedanke, dass Firmengründer dazu neigen, immer alles selbst zu machen und sich mit der Delegation an Mitarbeiter überfordern. Das ist nicht nur extrem anstrengend für die Gründer, sondern auch ganz klar demotivierend für die Mitarbeiter.

Die Betriebswirtschaft spricht im Normalfall von zwei Ansätzen in Bezug auf die Führung. Wir unterscheiden hier zwischen dem real- und dem idealtypischen Ansatz. Wenn ein Führungsstil auf den bereits vorhandenen Erfahrungen basiert, handelt es sich um einen realtypischen Ansatz, der wiederum in folgende drei Typen unterteilt wird:

1. Der autoritäre Führungsstil

2. Der kooperative Führungsstil

3. Der Laisser-faire-Führungsstil

Diese drei Kategorien sollen im Folgen mit ihren jeweiligen Vor- und Nachteilen näher erklärt werden, um dir einen ersten Eindruck zu ermöglichen.

3.1 – 1. Der autoritäre Führungsstil

Die Führungskraft hat bei diesem Führungsstil die Macht über alle Entscheidungen. Die Kommunikation findet immer von oben ausgehend statt. Dabei werden Mitarbeiter als ausführende Kraft angesehen, die den Willen der Führungskraft ausüben. Gemeinsame Entscheidungen oder Kritik am System oder an Entscheidungen sind definitiv nicht erwünscht. Zum Teil wird Kritik bei einem solchen Führungsstil sogar bestraft. Zu finden ist der autoritäre Führungsstil in vielen Inhabergeführten Unternehmen genau wie in einigen internationalen Größen, wie zum Beispiel Amazon. Die einzelnen Maßnahmen werden nicht erklärt, erscheinen den Mitarbeitern als willkürlich, eigenartig oder schlicht unpassend. Dadurch sinkt die Motivation, diese Maßnahmen umzusetzen.

Vorteile von diesem Führungsstil:

- Schnelle Entscheidungen

- Es gibt eine klare Führung und die Verantwortung ist geklärt

- Kompetenzen sind klar verteilt

Nachteile von diesem Führungsstil:

- Demotivierte Mitarbeiter, die sich nicht gefordert fühlen

- Oft stark überforderte Führungskräfte

- Es bleibt kein Raum für neue Ideen oder innovative Denkweisen

3.2 – 2. Der kooperative Führungsstil

Das Gegenstück zum autoritären Führungsstil ist der kooperative Stil, bei dem Mitarbeiter in die Entscheidungen stark mit einbezogen werden. Es darf kritisiert werden und Fehler werden als Ansporn für die Zukunft und nicht als Schwäche angesehen. Da die Mitarbeiter mit Entscheiden dürfen und Anteil an der Entwicklung des Unternehmens haben, sind sowohl die Identifikation als auch die Motivation sehr groß. Zu beachten ist allerdings, das Entscheidungen oft langwierig ausfallen können und fehlende Übereinstimmungen ein Unternehmen schnell lähmen. Das wirkt sich dann wieder negativ auf den Unternehmenserfolg aus.

Vorteile von diesem Führungsstil:

- Die Mitarbeiter sind sehr motiviert

- Hohe Identifikation mit dem Unternehmen

- Fehler können durch stetiges Feedback zukünftig vermieden werden

- Innovative und kreative Möglichkeiten

- Die Entscheidungen werden nicht nur von einem getragen

Nachteile von diesem Führungsstil:

- Entscheidungen werden langsam getroffen

- Unternehmen kann durch fehlende Entscheidungen oder Übereinstimmungen gelähmt werden

Eine Unterform des kooperativen Führungsstils wäre dann noch der demokratische Stil, bei dem Entscheidungen per Abstimmung getroffen werden. Zu beachten ist hierbei aber, dass die Minderheit bei einer solchen Form der Entscheidung sich selbst schnell als Verlierer ansieht. Es ist möglich, dass gerade bei eher knappen Entscheidungen eine regelrechte Rebellion gegen das Ergebnis erfolgt.

3.3 – 3. Der Laisser-faire-Führungsstil

Hier handelt es sich um einen sehr lockeren Führungsstil, bei dem die Mitarbeiter kaum bis gar keine Anleitung erhalten. Selbstständige Arbeit ist normal und gewünscht und die passive Führung sorgt dafür, dass nur auf ausdrücklichen Wunsch hin eine Entscheidung getroffen wird. Oftmals finden Entscheidungen auf niedrigeren Führungsebenen ohne weitere Abstimmung statt, was schnell zu Verwirrung und gegensätzlichen Aussagen führen kann. Viele Mitarbeiter empfinden diese Form der Führung als zu frei, fühlen sich alleinegelassen und spätestens dann, wenn ein echtes Problem auftritt, wird oft zu spät gehandelt. Lösungen werden dann häufig zu spät gefunden, sodass viele Unternehmen mit einer solchen Führung in ernsthafte Schwierigkeiten geraten können.

Vorteile von diesem Führungsstil:

- Die Mitarbeiter entscheiden viele Dinge selbst

Nachteile von diesem Führungsstil:

- Es gibt keine wirkliche Orientierung

- Mitarbeiter sind schnell demotiviert und fühlen sich allein gelassen

- Sehr gefährlich in jeder Form einer Krise

Neben den zuvor vorgestellten Stilen sind auch noch die tradierten Führungsstile bekannt, die als eher altmodisch empfunden werden. In einigen Unternehmen, die Inhabergeführt sind , werden die folgenden Stile aber noch weiter verwendet:

1. Die charismatische Führung

2. Die patriarchalische Führung

3. Die autokratische Führung

Obwohl diese Führungsstile heutzutage vielleicht nicht mehr ganz aktuell sind, macht es dennoch Sinn, sich die Merkmale einmal genauer anzusehen:

Die charismatische Führung

Der Unternehmensführer ist die unumstrittene Hauptperson des Unternehmens und zeichnet sich durch ein besonderes Charisma aus. Die Führungsperson wird regelrecht verehrt und möglichst gar nicht kritisiert. Dabei sind die Mitarbeiter zu Opfern bereit – Innovationen gibt es im Gegenzug dazu aber so gut wie gar nicht. Ein bekanntes Beispiel für eine solche charismatische Führungspersönlichkeit war Steve Jobs.

Die patriarchalische Führung
In Familienbetrieben, die teilweise über Generationen hinweg geführt werden, liegt die Entscheidung über alles im Normalfall beim Eigentümer. Der Stil ist nicht so streng, wie es beim charismatischen der Fall ist, jedoch müssen Mitarbeiter sich unterordnen und Kritik ist auch nicht erwünscht. Hier wird ein Unternehmen regelrecht mit Güte und väterlicher Strenge zugleich von einem Familienoberhaupt geführt. In Deutschland war das Unternehmen Krupp ein bekanntes Beispiel für einen solchen Führungsstil.

Die autokratische Führung
Sehr schwierig ist ein autokratischer Führungsstil, da der Eigentümer in der Form der Führung stark an einen Diktator erinnert. Kritik wird bestraft, Befehle werden befolgt und Verbesserungsvorschläge

sind definitiv weder angesehen noch erwünscht. Interessanterweise gab es gerade früher zahlreiche Unternehmen, die sogar erfolgreich so geführt wurden, bis irgendwann der große Fall kam.

3.4 Die Transformale Führung

Aktuell ist noch eine weitere Führungsmethode sehr beliebt. Gemeint ist die transformationale Führung. Im Gegensatz zur transaktionalen Führung, bei der zwischen Vorgesetzten und Mitarbeitern eine Art Geben und Nehmen vorherrscht, geht es bei der transformationalen Führung um andere Dinge. Bei der transaktionalen Führung handelt es sich fast schon um einen Tausch, bei dem eine gute Arbeitsleistung durch Anerkennung, Förderung und einen gewissen Freiraum für eigenständiges Handeln belohnt wird. Wer gut arbeitet, bekommt von dem Vorgesetzten hilfreiche Unterstützung bei der weiteren Laufbahn. Das Tauschverhältnis ist daher rational zu verstehen, ganz anders als bei der transformationalen Führung.

Diese sieht vor, dass der Vorgesetzte den Mitarbeiter durch seine Persönlichkeit regelrecht transformiert. Es findet eine Entwicklung des Mitarbeiters auf ein höheres Niveau statt. Hier geht es nicht um eine Gegenleistung oder um Anerkennung, sondern um die gemeinsame Entwicklung und darum, Ziele zusammen zu erreichen

Direkt erkenntlich wird eine solche Form der Führung, wenn die Mitarbeiter ganz begeistert von ihrem Vorgesetzten sind und angeben, von diesem auf ein neues Niveau in Bezug auf das Wissen gehoben zu werden. Der Vorgesetzte ist ein Vorbild, wird verehrt, jedoch nicht zu übertrieben und wird als Ansporn angesehen, positive Veränderungen zu erreichen. Es ist aber für viele Vorgesetzte mehr als schwierig, es nicht zu übertreiben und diesen Führungsstil positiv umzusetzen. Dennoch ist heute zu beobachten, dass dieser Stil oftmals funktioniert und die Mitarbeiter sich dadurch auch sehr stark mit dem Unternehmen und den Zielen identifizieren. Studien haben zudem belegt, dass diese Art der Führung auch mit Benefits einhergehen, die sich darin widerspiegeln, dass Mitarbeiter engagierter sind, gleichzeitig eine höhere Lernbereitschaft aufweisen und Konflikte besser lösen können.[6]

---

[6] Dumdum, U. R.; Lowe, K. B. & Avolio, B. J. (2002): A meta-analysis of transformational and transactional leadership correlates of effectiveness and satisfaction - An update and extension. In: Avolio,

Den Führungsstil festlegen

Damit die Mitarbeiter richtig motiviert und dennoch gute Entscheidungen getroffen werden können, solltest du dich für einen Führungsstil entscheiden. Im Normalfall wird heute nicht mehr ein bestimmter Stil, sondern eher eine Mischform gewählt. Hier hängt die genaue Führung stark von deiner Persönlichkeit ab. Bist du eher charismatisch? Dann kann alleine deine Art deine Mitarbeiter dazu bringen, motivierter zu arbeiten. Emotionen wie Begeisterung wirken dann ansprechend und bringen Ergebnisse ein. Wer autoritär ist, wird strukturelle Stile eher bevorzugen und kann auch damit sehr erfolgreich sein. Es hängt immer mit der Umsetzung zusammen, wie erfolgreich der Führungsstil ist. Der Trend geht aktuell aber ganz klar in die Richtung der Einbindung der Mitarbeiter mit einer gewissen Orientierung, damit sie nicht völlig führungslos sind. Die Festlegung von einem Führungsstil ist daher immer mit Fingerspitzengefühl und der jeweiligen Persönlichkeit verbunden.

B. & Yammarino, F. (Hrsg.): Transformational and charismatic leadership: The road ahead, S. 35-66, Amsterdam: JAI

4. Motivationstypen

Es gibt Hunderte von Modellen, die Menschen und ihr Verhalten in Gruppen beschreiben. Im Folgenden sollen die Klassiker besprochen werden, die auch sehr praxisnah sind. Diese Typen findest Du in jedem Unternehmen. Sie zu kennen ist wichtig, denn jeder Typ verlangt auch nach anderen Motivationsstrategien.

Wortführer: Ob Betriebsrat oder Teamleader, diese Menschen wollen führen, aber auch sich selbst darstellen.

Anerkennung-Suchende: Ein Lob, am besten vor allen ausgesprochen, spornt diesen Typ am meisten an.

Wertgetriebener: Dieser Typ vergräbt sich in einer wichtigen Aufgabe und geht darin völlig auf.

Generalisten: Sie freuen sich über das Big Picture, Strategien und Pläne, setzen diese aber auch gerne mit um.

Gruppenführer: Meistens die Bremser. Anders als der Wortführer wollen sie nicht Dinge in die Hand nehmen, sondern bewahren.

Unter anderem werden Anreize als Basismotive angesehen. Diese werden unterteilt in 4 Motivarten:[7]

- Interindividuelle
- Intraindividuelle
- Implizierte
- Explizierte

Die interindividuellen Motive orientieren sich am Ziel, die intraindividuellen am Anreiz an sich. Implizierte Motive basieren auf gemachten Erfahrungen im Leben, explizite Motive greifen auf die Umweltbedingungen zurück.

Wie man mit kreativen Ideen diese Theorien umsetzen kann, zeigen zwei Beispiele:

"Bei Sea World San Diego überreichen die Teamleiter sogenannte Spotlight-Karten an Mitarbeiter, wenn sie sehen, dass diese gute Arbeit leisten. Sie schreiben auf, was sie beobachtet haben und was ihnen daran gefällt. Dann bringen sie mindestens

---

[7] Kleppeck, S. (2019): Motivation: Definition und Anwendung – Mitarbeitermotivation.URL: https://www.personalwissen.de/motivation-mitarbeitermotivation/ [Stand: 28-11-2019]

zwei weitere Teamleiter oder Vorgesetzte dazu, die Karte zu unterschreiben, und überreichen sie dem Mitarbeiter. Eine Kopie wird am Infobrett der Mitarbeiter ausgehängt."[8]

Hier werden Mitarbeiter durch Anerkennung motiviert, die sie öffentlich bekommen. Man kann damit die intra-individuellen und die expliziten Motive befriedigen.

"Ein eher informeller Weg, wie man die Leistung von Teamkollegen bei der EMC Mortgage Corporation in Irving, Texas, würdigt, ist die 'Mitteilung an meinen fantastischen Teamkollegen'. Dazu werden Mitteilungen auf farbiges Papier geschrieben und dieses an der Wand im Zimmer des Teamkollegen angebracht. Dies geschieht in Abwesenheit des Betreffenden, sodass die Fanpost zu einer angenehmen Überraschung wird."[9]

---

[8] Mai, J. (2015): Mitarbeiter motivieren – 31 Tipps und Beispiele. URL: https://karrierebibel.de/mitarbeiter-motivieren-beispiele/ [Stand: 20-11-2019]

[9] Mai, J. (2015): Mitarbeiter motivieren – 31 Tipps und Beispiele. URL: https://karrierebibel.de/mitarbeiter-motivieren-beispiele/ [Stand: 20-11-2019]

Auch hier wird mit Anerkennung gearbeitet, gleichzeitig werden aber auch die sozialen Beziehungen gefestigt, es entsteht ein Wir-Gefühl.

Macht und Motivation

Oftmals spielt Macht eine große Rolle bei der Motivation. Mitarbeiter verlieren die Motivation, wenn sie ihren Einfluss verlieren und können motivierter sein, wenn mehr Macht in Aussicht steht. Man kann aber auch noch andere Machtfaktoren benennen:[10]

1. "Belohnungs-Macht: Andere werden für ihr Verhalten belohnt."

2. "Bestrafungs-Macht: Andere werden für ihr unerwünschtes Verhalten bestraft."

3. "Vorbild-Macht: Diese hängt davon ab, wie oder was jemand Bestimmtes sein möchte."

---

[10] Kleppeck, S. (2019): Motivation: Definition und Anwendung – Mitarbeitermotivation.Anm.: „das" wurde durch „dem" zur besseren Lesbarkeit ersetzt. URL: https://www.personalwissen.de/motivation-mitarbeitermotivation/ [Stand: 28-11-2019]

4. "Experten-Macht: Personen sind auf das Wissen anderer angewiesen."

5. "Legimitierte Macht: Diese beruht auf [... dem] Verhalten nach Normen und Gesetzen einer Person, die zu beurteilen ist."

6. "Informations-Macht: Beeinflussung des Verhaltens durch Wissen einer anderen Person."

5. Arbeitszufriedenheit

Das Modell von Herzberg stellt die Zufriedenheit in den Mittelpunkt. Auch wenn das Modell selbst etwas eindimensional ist, spielt die Zufriedenheit dennoch eine große Rolle im Betrieb. Das wirst Du selbst erlebt haben, sowohl als Angestellter als auch in Führungspositionen.

"Seit Mitte der 1980er Jahre nimmt die Arbeitszufriedenheit von Beschäftigten in Deutschland in einem langfristigen Trend ab. Besonders stark ist der Rückgang bei älteren Arbeitnehmern jenseits des 50. Lebensjahres. Ansonsten zeigt sich ein Rückgang der Arbeitszufriedenheit in allen Qualifikationsstufen und in Betrieben unterschiedlicher Größe in ähnlicher Form. Im internationalen Vergleich weisen Arbeitnehmer in Deutschland eine besonders geringe Arbeitszufriedenheit auf. Die Ursachen dafür sind in Entwicklungen wie der Intensivierung der Arbeit in den Betrieben, Problemen der Vereinbarkeit von Familie und Beruf, geringen Lohnsteigerungen und wachsender Unsicherheit bezüglich der beruflichen Zukunft zu suchen."[11]

---

[11] Bohulskyy Y.; Erlinghagen, M.; Scheller, F. (2011): Arbeitszufriedenheit in Deutschland sinkt langfristig – Auch geringe Arbeitszufriedenheit im europäischen Vergleich. Aktuelle Forschungsergebnisse aus dem Institut Arbeit und Qualifikation, IAQ-Report: 2011-03

Auch wenn Menschen nominal besser dastehen als zuvor, ist die gefühlte Zufriedenheit gesunken.

Gründe für die Unzufriedenheit

In vielen Fällen ist das Gehalt der wichtigste Faktor, fast zwei Drittel der Deutschen sind mit der Höhe ihrer Vergütung nicht zufrieden. Das wirkt sich dann auch auf die Gesamtmotivation aus. Immer wieder wird in Befragungen auch angegeben, dass Vereinsamung am Arbeitsplatz ein negativer Faktor ist, ebenso wie langweilige und immer wiederkehrende Arbeitsinhalte und -schritte. Viele Arbeitnehmer wünschen sich mehr Aufstiegs- und Karrierechancen, selbst wenn das nicht immer vertikal der Fall sein muss. Auch bei der Weiterbildung können Unternehmen noch einiges investieren, um die Mitarbeiter bei Laune zu halten. Ein weiteres Manko in Befragungen sind Führungskräfte, die wenig Kompetenzen haben, keine Entschlusskraft zeigen und sich nicht durchsetzen können.[12]

---

[12] geva-institut: Länderportrait Deutschland – Arbeitszufriedenheit und Führungsstil. URL; https://www.mitarbeiterbefragungen.de/mitarbeiterbefragung-laenderportraet-deutschland [Stand: 4-11-2019]

6. Was ist Mitarbeitern wichtig?

Damit Du Deine Mitarbeiter motivieren kannst, musst Du schließlich noch wissen, was ihnen besonders wichtig ist. Hier gibt es immer wieder neue Umfragen, in denen sich zwar die Gewichtung ändert, selten aber die Grundfaktoren. Diese sind:

6.1 Arbeitsplatzsicherheit

Mitarbeiter suchen nach wie vor Sicherheit, auch wenn dieser Punkt etwas an Bedeutung abnimmt. Heute gibt es kaum noch Angestellte, die seit 40 Jahren in der gleichen Firma tätig sind. Es ist dagegen üblich und oft auch von Vorteil, verschiedene Erfahrungen in unterschiedlichen Unternehmen gemacht zu haben. Dennoch gibt es die Angst vor einem plötzlichen Arbeitsplatzverlust. Mitarbeiter wollen den Zeitpunkt eines Wechsels selbst bestimmen. Gerade ältere Mitarbeiter suchen diese Sicherheit.

6.2 Erfolgserlebnisse

Zunehmend wichtiger als das Gehalt werden Erfolgserlebnisse im Job. Das können kleine Dinge sein, wie ein Geschäftsabschluss oder eine lobende Erwähnung durch Vorgesetzte, oder auch die Produkteinführung und Firmenübernahmen, an denen man mitgearbeitet hat. Angestellte suchen heute mehr denn je eine Erfüllung in ihrem Job. Sie wollen wissen, warum sie tun, was sie tun. Der Erfolg muss dabei nicht immer mit einer Beförderung oder Gehaltserhöhung belohnt werden. Viele sind heute dann zufrieden, wenn sie eine gute Arbeit abgeliefert haben und das auch anerkannt wurde.

6.3 Arbeitsbedingungen

Es gibt das Stereotyp des Start-ups, in dem es einen Tischfußball und eine teure Espressomaschine gibt, sowie Sofas und Sitzkissen zum Ausruhen, um den Mitarbeitern eine entspannte Arbeitsatmosphäre zu bieten. In der Realität haben die meisten Angestellten gar keine Zeit, Tischfußball zu spielen und holen sich lieber einen Kaffee bei Starbucks um die Ecke, damit sie mal an die frische Luft kommen. Die richtigen Arbeitsbedingungen sollten sich deshalb an den Bedürfnissen der Mitarbeiter orientieren. Dazu muss man diese auch befragen.

In einer Spülküche wollte man dem sehbehinderten Spüler einen Gefallen tun und baute zusätzliche Lampen ein, die die Küche in grelles Licht tauchten. Der Spüler bat darum, sie wieder abzumontieren, er schaue gar nicht auf die Teller, sondern fühle mit seinen Fingern, ob sie sauber sind. Das Licht hingegen schmerzte seine Augen. Gut gemeinte Maßnahmen können deshalb oft einen gegenteiligen Effekt haben.

Manchmal reichen kleine Dinge schon aus, zum Beispiel eine aufgelockerte Anordnung von Tischen, kleine Besprechungsecken, Ruhezonen, in denen man konzentriert arbeiten kann, oder auch manchmal eine freundliche Farbgestaltung.

Die Firma Dornseif, ein Winterdienstunternehmen, ist ein gutes Beispiel, wie eine Unternehmensphilosophie auch die kulturelle Vielfalt beinhaltet und damit die Motivation fördert. "Wir pflegen einen sehr familiären Führungsstil, der gekennzeichnet ist durch Vertrauen und Respekt. Dieser partnerschaftliche Führungsstil und die offene und mitarbeiterorientierte Führungskultur schaffen eine einzigartige Unternehmenskultur", beschreibt Dornseif seinen Ansatz auf seiner Webseite, der als "Dreamwork" sogar einen Warenzeichenschutz hat. Er bestand zunächst aus drei Säulen: Arbeits- und Gesundheitsschutz, Vereinbarkeit von Beruf und Familie und Diversität. Mittlerweile ist Umweltschutz dazugekommen. Den Beschäftigten stehen eine freie Pausenregelung, Zuschüsse bei der Kinderbetreuung und ein Homeoffice-Koffer zur Verfügung: Dieser enthält alles, was die Beschäftigten für einen Arbeitstag zu Hause brauchen. Auch ihre Arbeitszeiten können alle Beschäftigten flexibel gestalten – sofern es nicht gerade schneit.

Wie gut das Konzept funktioniert und wie motiviert die Arbeiter sind, zeigt eine Anekdote: Damit die muslimischen Mitarbeiter beten können, wurde ein Gebetsraum eingerichtet. Die Arbeitsmoral ist aber so hoch, dass der Firmenchef die Angestellten auch manchmal daran erinnern muss, ihr Gebet nicht zu vergessen.

Der Grund für so viel Fürsorge liegt in der Arbeitsplatzbeschreibung: Schneeräumen ist zum einen saisonal bedingt, zum anderen unberechenbar, was das Wetter angeht. Es kann schon mal sein, dass es tagelang schneit und dann müssen die Arbeiter fast rund um die Uhr bereitstehen. Das geht nur, wenn sie zum einen motiviert sind, zum anderen sich aber auch keine Sorgen um ihre Familie oder die Arbeitssicherheit machen müssen.

6.4 Zeit für Privat- und Familienleben

Der Begriff Work-Life-Balance ist nicht nur ein Verkaufsargument für Managementberater, sondern entspricht zunehmend auch unserer Lebenswirklichkeit. Wir arbeiten, um zu leben, und leben nicht, um zu arbeiten. Zwar wollen wir auch durch unsere Arbeit erfüllt sein, aber unser Leben darüber hinaus ist uns ebenfalls wichtig. Hinzu kommt, dass sich Familienstrukturen ändern. Wer zum Beispiel eine Patchworkfamilie hat, wird Familienzeit anders organisieren müssen. Immer mehr Frauen wollen sowohl einen guten Job haben als auch eine Familie gründen und ausreichend Zeit für Kinder haben. Und sogar die Männer suchen, wenn auch noch auf einem recht niedrigen Niveau, mehr Möglichkeiten, mehr Zeit mit der Familie verbringen zu können. Nach Angaben das Statistischen Bundesamts vom Juni 2016 nutzen ca. ein Drittel der Väter in Deutschland Elternzeit in Verbindung mit Elterngeld. Jedoch beanspruchen rund 4/5 der Väter nur den Mindestzeitraum von 2 Monaten.[13] Eine Firma, in der man auch mal die Kinder mitbringen kann oder die gar eine Kinderbetreuung anbietet, ist nicht nur ein attraktiver Arbeitgeber, sondern wird auch ihre Mitarbeiter mehr motivieren können. Wer das Homeoffice als Alternative anbietet, kann Vätern das Leben erleichtern.

---

[13] Familien in Baden-Württemberg – Report Väter (2014), Ausgabe 3/2014

Plahl, S. (2017): Die "neuen" Väter – eine Illusion? URL: https://www.swr.de/swr2/programm/neue-vaeter,broadcastcontrib-swr-20922.html [Stand: 12-12-2019]

6.5 Kompetenz der Vorgesetzten

Ein großes Problem bei Firmen sind Vorgesetzte, die ihre Position durch zeitbasierte Beförderung oder schlimmer noch Beziehungen bekommen haben. Nur weil jemand 15 Jahre dabei ist bedeutet das noch nicht, dass dieser Mitarbeiter auch in der Lage ist, die Abteilung zu führen. Gleichzeitig sind Manager nicht unbedingt qualifiziert, nur weil sie in einem anderen Unternehmen erfolgreich geführt haben. Für einen Mitarbeiter ist wichtig, welche Kompetenzen der Vorgesetzte tatsächlich hat. Reine Manager, die keine Ahnung davon haben, wie die Produktion abläuft, werden kaum ihre Mitarbeiter beeindrucken können. Beim japanischen Autobauer Toyota ist es für neue Manager weltweit Pflicht, mindestens einen Tag lang in der Produktion zu arbeiten. Nur so können sie den sogenannten Shop Floor kennenlernen. Solche Trainings werden regelmäßig wiederholt, damit die Führungskräfte auch die Veränderungen und ihre Auswirkungen verstehen.

Wenn Du heute eine Softwarefirma leiten willst, musst Du Grundkenntnisse in Programmierung haben. Ein Maschinenbaubetrieb braucht auch in der Führung Ingenieure. In einer Reinigungsfirma muss auch der Chef wissen, wie richtig geputzt wird. Wenn die Mitarbeiter sehen, dass der Chef sich auch einmal selbst die Finger schmutzig macht, dann wird das einen positiven Einfluss haben.

6.6 Einen Sinn sehen

Es mag hochgestochen klingen, aber wir suchen alle einen Sinn im Leben, und die Arbeit ist Teil dieses Sinnes. In den meisten westlichen Ländern ist die Lebensqualität so hoch, dass die meisten Menschen sich keine Sorgen um essenzielle Dinge wie Nahrung und Behausung machen müssen. Wir haben fast alle genug Geld für ein recht ordentliches Leben. Damit fällt aber die Motivation "Überleben" als Lebenssinn weg. Hinzu kommt auch der weitgehende Verlust von religiösen Motiven, was die Sinnsuche nur noch verschärft. Immer mehr Arbeitende stellen sich die Frage "Warum mach ich das hier eigentlich?". Du wirst Dir vielleicht diese Frage schon selbst gestellt haben. Oftmals machen wir das, wenn wir unzufrieden sind. Wenn Du als Arbeitgeber eine gute Antwort parat hast, kannst Du dem Sinnsuchenden eine wertvolle Hilfe sein.

KPMG, die Wirtschaftsprüfungs-, Steuer- und Beratungsfirma, hat seit Jahren eine hohe Arbeitsmoral. Etwa 80 % der 29.000 Fachkräfte sind der Meinung, dass es ein großartiger Arbeitsplatz ist. Aber die Firma wollte verstehen, was letztlich dieses Gefühl antreibt.[14]

Die Analyse der jährlichen Mitarbeiterbefragung ergab, dass ein Punkt für das Engagement, die Bindung und den Stolz der Mitarbeiter besonders wichtig ist: "Ich finde, dass mein Job eine besondere Bedeutung hat und nicht nur ein Job ist." Diese Erkenntnis veranlasste die Führung, herauszufinden, wie wichtig die Werte wirklich sind. Man wusste aus anderen Studien, dass Arbeitnehmer, die glauben, dass sie einen sozialen Einfluss haben, mit ihrer Arbeit doppelt so zufrieden sind wie diejenigen, die solche Überzeugungen nicht vertreten. Die Wirtschaftsprüfer begannen Mitarbeiter-Geschichten zu sammeln, in offenen Gesprächen, in Hunderten von Interviews. Daraus leitete man das Purpose-Statement ab: "Inspire Confidence.

---

[14] Pfau, B. B. (2015): How an Accounting Firm Convinced Its Employees They Could Change the World. URL: https://hbr.org/2015/10/how-an-accounting-firm-convinced-its-employees-they-could-change-the-world [Stand: 18-11-2019]

Empower Change" (Vertrauen schaffen, Veränderungen unterstützen). Man ging aber noch weiter: In der Firmengeschichte fanden sich Beispiele, wie man half, Geschichte zu schreiben: Wie man es geschafft hatte, mit dem Lend-Lease Act das nationalsozialistische Deutschland zu besiegen. Wie man eine Lösung für finanzielle Forderungen fand, um den Grundstein für die Freilassung der US-Geiseln im Iran im Jahr 1981 zu legen; und wie man die Wahl in Südafrika prüfte, die 1994 die Wahl von Nelson Mandela bestätigte. Das führte zum Slogan "We shape history" (Wir machen Geschichte).

"Purpose-driven" ist heute ein oft gehörtes Schlagwort bei Coachingfirmen und Unternehmensberatungen, die bei der Erstellung von Visionen und Missionen helfen. Es geht darum, den Mitarbeitern einen Sinn in ihrer Arbeit zu geben, der über das Gehalt hinaus geht. So sind Mercedes-Mitarbeiter darauf stolz, beste Qualität auf die Straßen zu bringen, Arbeiter bei Pharmaunternehmen helfen dabei, Menschen gesund zu machen, Bauern ernähren die Bevölkerung. Wenn wir einen übergeordneten Sinn in unserer Arbeit sehen, dann hat das eine deutliche Auswirkung auf die Motivation. Ein Brötchenverkäufer auf dem Flugfeld des Frankfurter Flughafens, der die Mitarbeiter verköstigt, sagte dem HR-Fernsehen in einer Dokumentation: "Ich bin stolz, ein Teil dieses großen Systems Flughafen zu sein."

Den Sinn zu finden und zu sehen, ist übrigens auch eine Aufgabe von Führungskräften. Jim Rancourt, Gründer und CEO der Firma Polymersolutions, nahm sich einmal 30 Tage Auszeit. Gerüchte kamen auf, er sei in einer Entzugsklinik. Nachdem er ungefähr dreißig Tage weg war, fiel ihm auf, dass er sich in der Tat in einer Art Reha befand. Es war keine Entziehungskur von Drogenmissbrauch, sondern eine Entziehungskur von einer ebenso unheimlichen Sucht: zu viel Fokus auf Arbeit und eine außer Kontrolle geratene Work-Life-Balance. Und er probierte Surfen aus, etwas, wovor er immer Angst hatte. "Das Schwierigste ist, im Wasser zu sein und zu wissen, welche Welle man nehmen soll. Wenn man dann am Strand steht, kann man die Wellen viel besser beurteilen." Er beschloss, in Zukunft mehr Zeit am Strand zu verbringen. Seine

Mitarbeiter schrieben begeistert im Blog der Firma über seine Erfahrungen.[15]

50

Marc Benioff, Boss von Salesforce, hat einmal gesagt: "Um wirklich erfolgreich zu sein, müssen Unternehmen eine Mission haben, die größer ist als Gewinn." Wenn diese Mission den Mitarbeitern klar ist und sie sich damit identifizieren können, werden sie Höchstleistungen bringen können.

---

[15] Polymer Solutions News Team (2015): Reflections from a CEO Sabbatical. URL: https://www.polymersolutions.com/blog/reflections-from-a-ceo-sabbatical/ [Stand: 23-11-2019]

7. Was ist Mitarbeitern weniger wichtig?

Die Wichtigkeit von Faktoren wechselt natürlich immer wieder und unterliegt Trends. In den 50er Jahren war es wichtig, wie gut die Pensionskasse eines Unternehmens ist. Heute gibt es so etwas nicht mehr, und auch bezahlte Überstunden sind in Büros heute kaum mehr abzurechnen. Einige Dinge sind einfach weniger wichtig geworden. Dazu gehören:

7.1 Vorbilder

Lichtgestalten wie den Apple-Gründer Steve Jobs und Bill Gates, den Erfinder von Microsoft, gibt es nur selten, und bei Steve Jobs kann man auch darüber diskutieren, wie sehr er wirklich ein Vorbild war. In den meisten Unternehmen werden die Vorgesetzten und Vorstände nach Kompetenzen bewertet, weniger danach, ob sie Vorbilder sind. Studien haben auch gezeigt, dass man sich selbst besser motivieren kann, wenn die Vorbilder näher an der eigenen Realität sind als lebende

Denkmäler, die in den Medien immer wieder angepriesen werden. Gerade bei Menschen wie Jeff Bezos und Mark Zuckerberg wird die Vorbildrolle auf den Erfolg zurückgeführt, aber nicht auf die tatsächlichen Managementfähigkeiten. Dem Amazon-Chef wird nachgesagt, einen eher autoritären Führungsstil zu haben.

7.2 Status und Titel

In den USA wird noch immer jedem Mitarbeiter ein Titel gegeben, der als Statussymbol auf der Visitenkarte geschrieben steht. In Europa sind solche Titel und der damit verbundene Status weniger wichtig. Viele junge Unternehmen machen sich sogar einen Spaß daraus und erfinden Positionen wie Chief Happiness Officer oder Spaß-Manager. Gerade bei älteren Mitarbeitern, die meistens ohnehin am Ende ihrer Karriere angelangt sind, spielen diese Faktoren keine Rolle mehr für ihre Motivation. Jüngere Mitarbeiter hingegen werden eine Beförderung, die mit einem neuen Titel verbunden ist, durchaus motivierend sehen. Meistens erachten Sie einen Aufstieg vom Junior- zum Senior-Berater als sehr wertvoll.

7.3 Beziehung zu Vorgesetzten

In Strukturen, in denen immer mehr in Teams gearbeitet wird und in denen auch die Vorgesetzten eingebunden sind, spielt die persönliche Beziehung zum Chef keine große Rolle mehr. Teams und projektbezogene Arbeit lösen die klassischen Beziehungen und Geflechte auf. Man muss heute nicht mehr eine gute Beziehung zum Chef haben, weil dieser weniger Macht hat. Entscheidungen werden zunehmend transparenter und an die Kompetenz gebunden, was Willkür um einiges zurückdrängen kann. Das bedeutet nicht, dass die Beziehung gar keine Rolle spielt, sie ist nur weniger wichtig geworden. Oder anders gesagt: Es kann niemals schaden, mit dem Chef gut auszukommen.

7.4 Verantwortung übernehmen

Bei älteren Menschen, aber auch bei manchen jüngeren Angestellten, spielt die Verantwortung keine so große Rolle, wie man denken mag. Während die Senioren im Arbeitsleben genug Verantwortung hatten und da nichts mehr beweisen müssen, scheuen manche jüngeren Einsteiger diese. Hier kannst du als Chef die Mitarbeiter schneller überfordern. Denn, auch wenn sie lernen müssen, für ihre Aufgaben auch verantwortlich zu sein, müssen sie langsam hingeführt werden. Es gibt im Übrigen auch einen Gegentrend: Manche Mitarbeiter sehen es durchaus als motivierend an, wenn ihnen mehr Verantwortung übertragen wird.[16]

7.5 Beschäftigungsfähigkeit

Hat man lange Zeit das Alter als Grund gesehen, um den Personalstamm verringern zu können und das mit Altersteilzeit und Frühverrentung attraktiv zu machen, hat sich das Blatt gewendet. Heute stehen Arbeitsfähigkeit und Innovationsfähigkeit auch in einem komplexen Umfeld ganz oben.[17] Beschäftigungsfähigkeit bezieht sich aber auch auf die Inklusion. Arbeitsplätze, die auch von Menschen mit Einschränkungen besetzt werden

---

[16] Gugl, P. (2014): Mitarbeitermotivation in Abhängigkeit vom Lebensalter, dargestellt am Beispiel eines Ingenieurbüros, Mittweida, S. 59

[17] Toolbox Fachkräftesicherung: 2. Beschäftigungs- und Innovationsfähigkeit erhalten. URL: http://www.fachkraefte-toolbox.de/fachkraefte-gewinnen/generation-50-plus/2-beschaeftigung-erhalten/ [Stand: 5-11-2019]

können, bringen oft auch einen Mehrwert. So können Mitarbeiter mit einer Sehschwäche bei der Softwareentwicklung wertvolle Hinweise auf das Userinterface geben, Rollstuhlfahrer können beim Design von Möbeln Anregungen geben, Hörgeschädigte können visuelle Signale besser bewerten. Oftmals sind behinderte Angestellte auch loyaler und bringen Diversität und damit auch unterschiedliche Blickwinkel mit.[18]

---

[18] Toolbox Fachkräftesicherung: Erfolgreich mit Erfahrungen der Generation 50 Plus. URL: http://www.fachkraefte-toolbox.de/fileadmin/media/Projektwebsites/Fachkraefte-Toolbox/Dokumente/service/08_50Plus_090826.pdf [Stand: 6-11-2019]

8. Das Generationen-"Problem"

Wir leben heute nicht nur länger, sondern sind auch länger geistig und körperlich fit. Die Rente ab 70 ist keine Utopie mehr. Das Problem ist aber: Wo und wie sollen die Menschen arbeiten, wenn sie die 60 überschritten haben? Der Begriff "ältere Mitarbeiter" wird oft schon für die 50+-Gruppe verwendet. Diese Mitarbeiter bekommen oft wegen ihrer langen Unternehmenszugehörigkeit, aber auch Erfahrung mehr Gehalt als junge neue Kräfte. Das kann zu Neid und Missgunst führen, verleitet kostengetriebene Firmen aber auch dazu, sie als Ballast anzusehen, der in Krisenzeiten als erstes abgeworfen werden muss. Solche Einstellungen und Vorurteile helfen nicht wirklich, um ältere Mitarbeiter zu motivieren.

8.1 Vorurteile

Älteren Menschen werden von den meisten Kollegen Zuverlässigkeit und Loyalität zugeschrieben, aber kaum Innovativität und Flexibilität. Gesamtwirtschaftlich hat man nicht gerade die über 50-Jährigen gefördert. "Auf der einen Seite herrschte die ganzen Jahre eine Förderung der Frühverrentung vor, mit einer jugendzentrierten Arbeitsgestaltung. Da wir bisher an Nachwuchs keinen Mangel hatten und die Älteren früh gingen, funktionierten diese Konzepte auch sehr gut. Mittlerweile aber ist die Personalmanagementstrategie der Frühverrentung kein Zukunftsmodell; sie wirkt sich auf die Arbeitsmotivation und auf die Veränderungsbereitschaft der Betroffenen in der Regel nicht unbedingt positiv aus. Oft liegt dieses Klima 'in der Luft', dass ältere Mitarbeiterinnen und Mitarbeiter nicht mehr motiviert seien."[19]

8.2 Vorzüge älterer Mitarbeiter

Wenn ein Unternehmen heute Fachkräfte sucht, kann es am Markt viele leistungsfähige und hervorragende ältere Erwerbspersonen finden. Diese haben Vorteile,

---

[19] Roßnagel, C. R. (2009): Die Arbeitsmotivation älterer Beschäftigter: Eine Frage des Profils!, S. 127. In: Marie-Luise und Ernst Becker Stiftung: Gesundheit, Qualifikation und Motivation älterer Arbeitnehmer - messen und beeinflussen, Dokumentation der Tagung am 01. und 02. Oktober 2009 in Bonn, S. 126-150

so sind sie seltener krank als Mitarbeiter unter 25 Jahren, sind motiviert, werden seltener noch einmal nach neuen Unternehmen suchen und sind mobil, weil meistens die Kinder aus dem Haus sind. Damit kann die Generation der über 50-Jährigen mit Fähigkeiten und Kompetenzen glänzen, die den Berufseinsteigern noch fehlen. Zwar lässt bei älterem Personal die körperliche Leistungsfähigkeit etwas nach, allerdings sind heute die meisten Arbeitsplätze an einem Schreibtisch. Außerdem können Einschränken auch mit Maßnahmen, wie Hebehilfen, aufgefangen werden. Dafür kann eine Firma auf einen reichhaltigen Erfahrungsschatz zurückgreifen und sich der meistens besseren sozialen Fähigkeiten der Senioren bedienen. Bei der Fehlervermeidung hilft, dass langjährige Mitarbeiter das Gesamtbild kennen und damit zum Beispiel Auswirkungen von Veränderungen in Prozessen besser beurteilen können. In Krisensituationen werden Ältere seltener in Panik verfallen und können Ruhe in die Belegschaft bringen.[20]

---

[20] Toolbox Fachkräftesicherung: 1. Warum rechnet sich die Beschäftigung Älterer? URL:
http://www.fachkraefte-toolbox.de/fachkraefte-gewinnen/generation-50-plus/1-gruende-fuer-aeltere/ [Stand: 5-11-2019]

Vorteile von älteren Mitarbeitern

- Sie haben mehr Erfahrung.

- Sie haben ein umfangreiches Wissen.

- Sie kennen Prozesse genau.

- Sie können besser kommunizieren.

- Sie haben gelernt, sich und andere zu motivieren.

- Ihr Verhalten ist stabil.

- Sie sind zuverlässig und loyal.

- Sie sind meistens gelassener, wenn es Probleme gibt.

- Sie können sich besser durchsetzen und sind souveräner.

- Ihre Lebensgestaltung ist meistens abgeschlossen, was sie flexibler macht.

- Sie sind gute Analysten.

Wenn Du Dir der besonderen Fähigkeiten der älteren Mitarbeiter bewusst bist, findest Du hier auch bessere Ansätze zur Motivation. Gerade, wenn es darum geht,

Aufgaben zu verteilen, können die "Senioren" mit verantwortungsvollen und schwierigen Aufgaben durchaus motiviert werden.

Die Firma KSB ist ein weltweit tätiger Hersteller von Pumpen mit über 18.000 Angestellten. Armin Zisgen begründete in einem Vortrag, warum sie sich intensiv mit älteren Mitarbeitern beschäftigen:

"Warum haben wir uns mit der Frage nach der Motivation besonders älterer Mitarbeiter beschäftigt? Am Standort Frankenthal ist bereits heute jeder Dritte von ca. 1.700 Beschäftigten über 50 Jahre alt. Wir gehen davon aus, dass in den kommenden Jahren der Anteil älterer Mitarbeiter in den Betrieben noch zunehmen wird. Dafür gibt es zwei wesentliche Gründe: Zum einen die demografische Entwicklung mit rückläufigen Geburtenzahlen und einer im Durchschnitt zunehmend älteren Bevölkerung, zum anderen die absehbare Rentengesetzgebung und der Trend zur Verlängerung der Lebensarbeitszeit. Spürbare Rentenabschläge sorgen schon heute dafür, dass sich die Arbeitnehmer einen vorgezogenen Eintritt in den Ruhestand sehr gut überlegen müssen."[21]

---

[21] Zisgen, A. (2005): Motivierende Arbeitsstrukturen für ältere Mitarbeiter, S. 64. In: RKW Arbeitskreis "Gesundheit im Betrieb": Älter

9. Maßnahmen zur Verbesserung der Motivation

Als Unternehmer stehen Dir heute viele verschiedene Werkzeuge zur Verfügung, die aber den Bedürfnissen der Mitarbeiter entsprechend eingesetzt werden müssen. Es besteht immer die Gefahr, dass, wenn man einen Hammer hat, jedes Problem als Schraube verstanden werden kann. In der Personalführung ist das bei den Key Performance Index (KPI)-Zahlen passiert. Man glaubte, damit Teams und Abteilungen, aber auch einzelne Mitarbeiter motivieren zu können. Tatsächlich braucht es aber eine Vielzahl an wirksamen Maßnahmen, die individuell zugeschnitten und gewichtet werden müssen.

Die Maßnahmen können durchaus kreativ sein. Du wirst Deine Leute nicht mit einem Lehrbuch begeistern kön-

---

werden im Betrieb – Dokumentation der Fachveranstaltungen, S. 63-68 nen. Vielmehr wird es Ideen brauchen, die auch manchmal etwas ungewöhnlich sind. Noelle Sment von Time Warner entwickelte zum Beispiel eine Anti-Stress-Strategie: Eine "Schlechter-Tag-Tafel". Mitarbeiter hatten darauf ihre Namen auf kleinen Magneten und konnten diese in die Schlechter-Tag-Zone schieben und damit anderen mitteilen, wie es ihnen geht. Wer unter Stress stand oder andere Probleme hatte, bekam Hilfe und Gesprächsangebote von den Kollegen. Eigentlich war die Tafel als eine Warnung gedacht gewesen, entwickelte sich aber schnell zu einem Supportsystem.

Die Kopiererfirma XEROX hatte zur Jahrtausendwende schwer zu kämpfen. Man entschloss sich, eine Frau aus den eigenen Reihen in die Führung zu berufen. Anne Mulcahy drehte Xerox um. Sie war 1976 als Angestellte zu Xerox gekommen und stieg in verschiedenen Führungspositionen auf, bis sie 2001 zum CEO ernannt wurde. Aufgrund ihrer langjährigen Erfahrung mit Xerox wusste sie, dass das Unternehmen leistungsstarke Mitarbeiter hatte, die aber nicht motiviert waren. Mulcahy war der Ansicht, dass die Motivation der Mitarbeiter bei Xerox neben anderen wichtigen geschäftlichen Veränderungen eine wichtige Maßnahme darstellte, um das Unternehmen wieder auf die Erfolgsspur zu bringen. Einer ihrer Leitsätze war die Überzeugung, dass Mitarbeiter für ihre Arbeit interessiert und motiviert sein müssen, um Kundenzufriedenheit zu erzielen. Mulcahy hat das Unternehmen nicht nur erfolgreich durch diese schwierige Zeit geführt, sondern konnte auch ein stärkeres und fokussierteres Unternehmen aufbauen.[22]

9.1 Die richtige Kommunikation ist wichtig

Mittels Kommunikation setzen sich Menschen mit ihrer Umwelt auseinander. Für die Führung eines Unternehmens und die Motivation der Mitarbeiter hat die Kommunikation und die Information eine enorme Bedeutung. Informations- und Kommunikationsflüsse erstrecken sich sowohl unternehmensintern (z. B. Mitarbeiter) als auch unternehmensextern (Kunden, Lieferanten, usw.). Der Erfolg des Unternehmens hängt im Wesentlichen von den Kommunikationsfähigkeiten der Führungskräfte aber auch der Mitarbeiter ab.

---

[22] Herkimer College – Suny / Nagle, K.: 6.7 Optional Case Study – Motivation at Xerox. URL: https://courses.lumenlearning.com/suny-hccc-orgbehavior/chapter/6-7-motivation-key-for-success-the-case-of-xerox/

Die Aufgaben von Mitarbeitern können nur dann optimal wahrgenommen werden, wenn sie ausreichend und deutlich kommuniziert werden. Grundsätzlich gilt das für beide Seiten, also für Führungskräfte und auch für die Mitarbeiter. Gegenseitiges umfassendes Informieren trägt entscheidend zur Zielerreichung bzw. Erfüllung von Aufgaben bei. Aufgrund von Missverständnissen oder Informationsdefiziten kommt es in Betrieben sehr oft zu Problemen. Information und Kommunikation sind besonders wichtige Kriterien, um bei den Mitarbeitern Arbeitszufriedenheit zu erlangen. In den letzten Jahrzenten haben die Bedürfnisse der Mitarbeiter zum Beispiel nach persönlichen Kontakten zur Führungskraft eher zugenommen. Hierbei spielen sicher die unpersönliche E-Mail-Kommunikation und die arbeitsteiligen Prozesse eine sehr große Rolle. Bedeutend dabei ist auch der zunehmende Zeitmangel der Führungskräfte. Die damit seltener werdenden Kontakte zu ihren Mitarbeitern lassen Defizitgefühle entstehen. Die besten Motivationsmaßnahmen laufen ins Leere, wenn sie nicht ordentlich kommuniziert werden können. Wer sich keine Zeit für Mitarbeitergespräche nimmt, wird daraus kaum einen Nutzen ziehen können. Wer aber Mitarbeiter immer wieder einmal in der Produktion über die Schulter schaut und Fragen stellt, zeigt Interesse und Empathie für die Personen.[23]

In einem Essay über eine Studie der Firma White Sands in Dubai sollte vor allem die hohe Fluktuation untersucht werden. Es war aufgefallen, dass 2008 1/3 der gesamten Mitarbeiter das Unternehmen verlassen hatten. Die Mitarbeiterschaft ist eine Mischung aus verschiedenen Kulturen, Indern, Nepalesen, Philippinen, Syrern und Pakistanern. Fast alle, die den Job verlassen hatten, waren Inder und Philippinen. Die Angestellten hatten eigentlich ein gutes Gehalt und auch andere Anreize erhalten, das Unternehmen war profitabel, und trotzdem verlor man Personal. In der Studie kam heraus, dass wichtige Motivationsfaktoren fehlten.

Von den wichtigsten Faktoren

- Anerkennung oder Wertschätzung,

- Kenntnisse über Unternehmensangelegenheiten,

- rücksichtsvolle Haltung des Managements,

- Berufssicherheit,

---

[23] Josef, H. (2016): Einfluss der Führungskraft auf die Mitarbeitermotivation, St. Andrä, S. 47

- gutes Gehalt oder gute Löhne,

- Arbeitszufriedenheit,

- Karrieremöglichkeiten,

- gute Atmosphäre sowie

- Fachdisziplin

wurden nur Fachdisziplin und das Gehalt sowie die Berufssicherheit umgesetzt.[24]

9.2 Mitarbeitergespräche

Eines der wirksamsten Instrumente bei der Motivation ist das Gespräch mit dem Mitarbeiter. Hier kannst Du auf die Person und seine oder ihre besonderen Bedürfnisse eingehen, versuchen, die vorhandenen Motivationen zu verstehen und darüber hinaus neue Motivationsideen zu entwickeln. Dabei solltest Du aber auch einige Grundregeln beachten.

---

[24] Essays, UK (2018): Case Study On Motivating Employees Management Essay. URL: https://www.ukessays.com/essays/management/case-study-on-motivating-employees-management-essay.php?vref=1 [Stand: 10-12.2019]

Erkläre den Grund für das Gespräch, und zwar direkt, auch wenn Dich niemand danach fragt. Nichts ist schlimmer, als zum Boss gerufen zu werden, ohne zu wissen, worum es geht. Du kannst die Einladung entweder persönlich oder schriftlich aussprechen, natürlich auch über WhatsApp und andere Nachrichtendienste.

Ein Mitarbeitergespräch sollte nur von direkten Vorgesetzten oder Teamleitern geführt werden, die auch mit dem Mitarbeiter täglich zusammenarbeiten und diesen persönlich kennen. Das gilt sowohl für anerkennende Gespräche als auch für Kritik. Ausnahmen bestehen allerdings auch: Wenn ein Mitarbeiter eine besonders gute Idee hatte, die dem Unternehmen Geld spart oder andere herausragende Leistungen vollbracht hat, darf natürlich auch der Chef mit ihm oder ihr ein längeres Gespräch führen.

Bei einem Gespräch mit Mitarbeitern geht es immer um die Arbeitsleistung. Diese kann auch mit einem bestimmten Verhalten verbunden sein, über das Du sprechen kannst. Vermeide aber, den Charakter einer Person infrage zu stellen. Das betrifft auch Lob und Anerkennung: "Müller, das haben Sie echt gut gemacht, geniale Idee" ist besser als "Müller, Sie sind halt ein guter

Denker." Übrigens kann auch Kritik motivierend sein, dann nämlich, wenn sie konstruktiv ausgeübt wird und Lösungen gemeinsam gesucht werden. "Sie sind ja eher eine langsame Person" ist nicht zielführend. Besser wäre "Wie können wir die Arbeit so einteilen, dass sie zeitgerecht gemacht werden kann?"

Solche Gespräche sind vertraulich und sollten am besten nur zu zweit geführt werden. Vermeide es, Dir Notizen zu machen, das erweckt den Eindruck eines Verhörs, aber auch dass Du nicht voll und ganz der anderen Person zuhörst. Am besten spreche in einem abgeschlossenen Raum. Das Büro des Vorgesetzten ist nicht immer der beste Ort, weil es automatisch eine Hierarchie aufbaut. Ein neutraler Besprechungsraum ist oft besser.

Motivierende Gespräche sollten immer mit Lob und Anerkennung beginnen, selbst wenn Du Arbeits- oder Verhaltensweisen verbessern willst. Der Mitarbeiter soll eine positive Atmosphäre erleben und sich wohlfühlen. Versuche auch im Unternehmen solche Gespräche als Informationsaustausch und nicht als Chef-Untergebener-Rapport zu sehen. Versuche, die Anerkennung auch konkret an Dingen festzumachen und nicht nur generell zu halten. Dabei solltest Du aber auch nicht zu enthusiastisch werden, denn das kann schnell unglaubwürdig wirken. "Du bist unser bester Mitarbeiter" ist eine kaum haltbare Aussage und auch nicht spezifisch. "Du bist wirklich gut im Verkauf und eine wertvolle Stütze" hingeben beschreibt die Leistung schon besser und genauer.

Eine besondere Form des Mitarbeitergesprächs ist die Personalbeurteilung. Hier geht es um die Bewertung der Arbeitsleistung, aber auch der Performance insgesamt. Bei der Personalbeurteilung soll mit dem Mitarbeiter offen und ehrlich über seine Leistung gesprochen werden. Man will über sein Potenzial sprechen und gemeinsam Strategien entwickeln, wie die Karriere langfristig gestaltet werden kann.[25]

Dabei kannst Du **verschiedene Wege** gehen:

Die Leistung beurteilen

Hierbei werdet ihr gemeinsam die in den vergangenen Wochen oder Monaten erbrachte Leistung besprechen.

---

[25] Gürthner, B. (2005): Motivationsmanagement als Führungsaufgabe. Online-Lehrbuch-Verhaltensprozesse. URL: http://www.on-line-lehrbuch-bwl.de/lehrbuch/kap4/motivmgt/motivmgt.pdf [Stand: 26-11-2019]

Es geht meistens darum, ob vorher besprochene Ziele erreicht wurden, warum sie erreicht wurden oder warum nicht. Die Leistung kann aber auch auf andere Art und Weise gemessen werden, gerade wenn in Teams gearbeitet wird. Dann geht es auch um subjektive Bewertungen, wie sehr man sich ins Team eingebracht hat. Leistung kann durchaus in Zahlen ausgedrückt werden, gerade bei Mitarbeitern, die im Verkauf arbeiten oder in der Produktion. Bei Angestellten in der Verwaltung wird das schon schwieriger und Du wirst eventuell andere Beurteilungsmaßnahmen finden müssen.

Ziel des Gesprächs ist immer, den Status quo zu besprechen und herauszufinden, wo man den Mitarbeiter noch mehr unterstützen kann. Die Leistungsbeurteilung ist deshalb eine hervorragende Maßnahme, wenn sie konstruktiv und in die Zukunft gerichtet erfolgt. Wenn Deine Angestellten das Gefühl haben, dass diese Gespräche sie voranbringen und nicht als Kritik verstanden werden, dann wird sie das mit Sicherheit motivieren. Und sei es nur, dass ihnen die Angst genommen wird.

Das Potenzial besprechen

In einem Gespräch mit dem Mitarbeiter kannst Du auch diskutieren, welches Potenzial vorhanden ist und welche möglichen Karrierechancen bestehen. Dabei geht es nicht darum, Versprechungen zu machen, die Du später nicht halten kannst. Vermeide auch die berühmte "Wo sehen Sie sich in 5 Jahren?"-Frage zu stellen, so lange kann heute niemand mehr planen. Vielmehr willst Du wissen, welches Potenzial die andere Person in sich sieht, wo sie oder er gerne hinmöchte, welche Positionen im Unternehmen man interessant findet. Du kannst dann auch offen Deine Einschätzung geben und sagen, in welchen Bereichen Du noch Entwicklungspotenzial siehst. Damit kannst Du recht gut den Angestellten motivieren, sich weiterzuentwickeln, um später vielleicht Deine Wunschposition besetzen zu können.

Die 360-Grad-Analyse

Bei dieser Methode geht es darum, ein möglichst umfassendes Bild des Mitarbeiters zu bekommen. Neben dem Gespräch mit Vorgesetzten fließen hier auch die Einschätzungen des Mitarbeiters selbst, seiner Kollegen, seiner Kunden, aber auch vorhandene Daten mit ein. Je mehr Informationen vorliegen, umso umfassender kann die Beurteilung werden.

Vorsicht: Diese große Analyse ist nicht für jeden Mitarbeiter geeignet und kann schnell als komplette Durchleuchtung verstanden werden. Dort, wo sie vorsichtig eingeführt und entsprechend kommuniziert wird, ist sie eine gute Methode, um Stärken und Schwächen aufzuzeigen und daraus gemeinsam Handlungsstrategien zu entwickeln. Du wirst durch die unterschiedlichen Kanäle viele Informationen bekommen, was die Qualität der Beurteilung um einiges erhöht. Die Einbindung externer Quellen zeigt auch, dass Du ein breites Interesse hast und ein ganzheitliches Bild haben willst.

Mitarbeiter können mit diesem Rundumblick viel über sich selbst erfahren. Das kann sie motivieren, an den Schwächen zu arbeiten. Aber auch die Nennung von Stärken, vor allem wenn sie aus vielen verschiedenen Richtungen kommt, kann einen großen Motivationsschub auslösen.

Führungskräftebewertung

Eine recht neue Methode ist die Bewertung der Führungskräfte durch die Mitarbeiter. Das wird meistens in Form von Fragebögen durchgeführt und soll der Führungskraft ein konstruktives Feedback geben. In seiner Arbeit "Vorgesetztenbeurteilung als Modernisierungsaspekt" beschreibt Dennis Gawronski die Motive für einen solchen Schritt:

"Im Blickpunkt der Vorgesetztenbeurteilung befindet sich das Verhältnis Vorgesetzter zu Mitarbeiter mit der Zielstellung einer verbesserten Führungsbeziehung bzw. Kommunikation zwischen diesen beiden Hierarchieebenen. Die Vorgesetztenbeurteilung soll als reines Instrument der Personalentwicklung verstanden werden und dem Vorgesetzten ein Feedback über sein wahrgenommenes Verhalten seitens der Mitarbeiter geben, ohne dass er negative Konsequenzen, wie zum Beispiel den Verlust des Arbeitsplatzes, fürchten muss. Die Gründe solcher Überlegungen für ein Feedback sind vielfältig. Zum einen kann ein schlechtes Betriebsklima bzw. Kritik der Mitarbeiter zum Führungsverhalten ihrer Vorgesetzten ausschlaggebend für einen Feedbackprozess sein. Zum anderen kann aber auch ein Soll-Ist-Abgleich der im Unternehmen verankerten Führungsleitlinien als Anstoß dienen."[26]

Das Problem bei den Befragungen liegt in den Fragebögen. Hier können die Fragen selbst schon Tendenzen in den Antworten festlegen. Zum Beispiel wird die Frage "Wie zufrieden bist Du mit Deinem Chef?" und die Frage

---

[26] Gawronski (2011): Vorgesetztenbeurteilung als Modernisierungsaspekt, S. 6

"Wie unzufrieden bist Du mit Deinem Chef" zu durchaus unterschiedlichen Ergebnissen führen können. Es gibt mittlerweile viele verschiedene Versionen von Standardfragebögen, die auch etwas an Dein Unternehmen angepasst werden können. Das Regierungspräsidium Stuttgart hat zum Beispiel eine recht große Befragung der Mitarbeiter gemacht, in der diese ihre Zufriedenheit ausdrücken konnten.

Eine weitere Herausforderung ist die Auswertung von den langen, teils mehrseitigen Fragebögen. Du wirst zwar Trends erkennen können, aber selbst auf einer Skala von 1-5 kann man nicht genug in die Tiefe gehen. Eine einfache Methode, vor allem in kleineren und mittleren Unternehmen ist, etwa 5 bis 10 offene Fragen zu stellen und die Mitarbeiter diese schriftlich beantworten zu lassen. Zwar wirst Du die Texte auch durchlesen müssen, Du bekommst aber meistens ein umfassenderes Bild von der Lage im Betrieb. Für den Mitarbeiter fühlt es sich auch wesentlich besser an, seine Meinung in eigenen Worten darzulegen, statt nur Kreuzchen zu machen. Füge am Ende auf jeden Fall noch ein Feld ein, in dem man sonstige Anmerkungen machen kann.

In diesem Zusammenhang kannst Du auch ein Beschwerdemanagement einführen. Mitarbeiter werden dadurch motiviert, auf Fehler und Probleme hinzuweisen. Das Wort Beschwerde mag in diesem Zusammenhang etwas harsch klingen, Du kannst es auch einfach Feedback-Management nennen.

Letztlich geht es darum, Feedback von Mitarbeitern über die Führung auch in Einzelfällen zuzulassen und in einem Prozess zu verarbeiten. Es ist eine Frage der Haltung, wie man mit solchen Beschwerden umgeht. Die normale Reaktion von Vorgesetzten ist in vielen Fällen, das Problem zu verneinen, kleinzureden oder schlicht abzulehnen. Man will keine Fehler zugeben, will diese nicht nach oben kommunizieren oder hat schlicht keine Zeit oder Lust das Problem zu lösen. In einem modernen Unternehmen wirst Du mit dieser Haltung aber nicht weit kommen. Stattdessen muss jede Beschwerde im Sinne eines Quality Managements ernst genommen werden. Es ist wichtig, zunächst alle Informationen, die man benötigt, zusammenzutragen. Das bedeutet vor allem zuzuhören und nicht gleich eine Meinung zu haben oder zu argumentieren. Erst dann kannst Du überlegen, ob die Beschwerde gerechtfertigt ist oder nicht und entsprechende Schritte zur Behebung einleiten oder erklären, warum Du glaubst, dass man das Problem nicht so einfach lösen kann oder es nicht in dem Umfang besteht, wie es geschildert wurde. Versuche dabei auf jeden Fall, persönliche Anschuldigungen zu vermeiden.

Die Möglichkeit, Beschwerden vorzubringen, Ideen einzubringen und auch Vorgesetzte bewerten zu können, kann ein großer Motivator sein. Es zeigt, dass Dein Personal als aktiver Teil des Unternehmens verstanden wird. Die Mitarbeit auch außerhalb der Arbeitsplatzbeschreibung wird von Angestellten sehr geschätzt und kommt oft genug zu kurz.

9.3 Kreativität und Innovation

Ein Wunsch, der von Mitarbeitern in Umfragen immer wieder geäußert wird, ist, auch kreativ tätig sein zu dürfen. Eine Arbeit, die jeden Tag gleich ist, wird nicht mehr als zeitgemäß empfunden. Selbst in der Verwaltung gibt sich niemand mehr mit "Knicken, Lochen, Abheften" zufrieden. Angestellte wollen herausgefordert werden, sich aber auch selbst einbringen dürfen. Das kann auf vielfältige Art und Weise geschehen.

Internes Vorschlagswesen

Die einfachste Form, Mitarbeiter mitarbeiten zu lassen, sind Vorschläge, wie etwas verbessert werden kann. Damit gibst Du Deinen Angestellten ein wenig Verantwortung für die gesamte Firma, zeigst aber auch, dass ihre Meinung wichtig ist und zählt. Bei älteren Mitarbeitern, die eine gewissen Erfahrung mitbringen, sind solche Ratschläge manchmal mehr wert als die Arbeit externer Berater. Es gibt verschiedene Methoden, wie man so ein Vorschlagswesen einreichen kann. Je einfacher, desto besser. Bei kleineren und mittleren Firmen kann das an den Vorgesetzten, an das Team oder die Abteilung, aber durchaus auch an die Geschäftsleitung gemeldet werden. In jeder Firma kann immer etwas verbessert werden, und es gibt den Vorschlagenden ein gutes Gefühl, wenn sie ihre Ideen verwirklicht sehen. Du solltest übrigens alle Ideen annehmen und prüfen, und niemals gleich als "geht nicht" verwerfen.

Kreative Zeit

Die Firma Google ist wohl am bekanntesten dafür, ihrem Personal kreative Zeit für eigene Projekte zu geben. Der Gründer Larry Page gab beim Börsengang bekannt, dass Google-Mitarbeiter 20 Prozent der Zeit für eigene Projekte nutzen können, sofern diese dem Unternehmen nutzen. Angeblich ist Gmail daraus entstanden. 20 Prozent ist eine Menge und die Realität zeigte, dass nur wenige Google-Angestellte diese Zeit auch wirklich nutzen.[27] Das bedeutet aber nicht, dass das Konzept an sich falsch ist. Die besten Ideen kommen einem selten am Schreibtisch, sondern unter der Dusche, beim Joggen oder auf dem Nachhauseweg. Mitarbeiter sollen kreative Freiräume haben, auch was die Zeit angeht. Innovation bezieht sich heute nicht nur auf ein neues Produkt, sondern auch auf die Verbesserung interner Prozesse oder die Schaffung neuer Märkte. Ob die Zeit prozentual für alle gleich sein muss oder aber den Mitarbeitern überlassen wird, bleibt Dir überlassen. Am besten ist es, wenn sie die Zeit und die Ideen aber notieren und teilen. Es ist auf jeden Fall ein Vertrauensvorschuss,

---

[27] D'Onfro, J. (2015): The truth about Google's famous '20% time' policy. URL: https://www.businessinsider.com/google-20-percent-time-policy-2015-4 [Stand: 2-12-2019]

den Du gibst. Und das wird Dein Personal auch zu schätzen wissen und es entsprechend sinnvoll nutzen.

Teamarbeiten

Zwar nimmt die Arbeit im Team immer mehr zu, dennoch gibt es in manchen Firmen noch einiges an Entwicklungspotenzial. Teamarbeit motiviert Menschen, weil wir am liebsten in der Gruppe arbeiten und leben. Zwar müssen wir uns dann auch bestimmten gruppendynamischen Prozessen aussetzen, das nehmen wir aber gerne in Kauf. In der Gruppe können wir uns beweisen, bekommen aber auch Unterstützung und können selbst Hilfe anbieten. Teams sind in vielen Fällen produktiver und effizienter, die Teammitglieder arbeiten motivierter, weil es mehr Spaß macht. Du kannst Teams in allen Bereichen bilden, auch in der Verwaltung. Am erfolgreichsten sind Teams, wenn sie auch Verantwortung haben können und ein Ziel gesetzt bekommen. Das spornt die Mitglieder noch einmal zusätzlich an. Es ist normal, dass ein Mitarbeiter in mehreren Teams gleichzeitig ist, und gute Teams sind auch abteilungsübergreifend besetzt. Es besteht allerdings die Gefahr, dass Du vom Erfolg überrannt wirst und zu viele

Teams ins Leben rufst. Das kann die Mitglieder irgendwann überfordern und sie können ihre Arbeit nicht
mehr ordentlich machen.

Interne Rotation

Je nach Beschaffenheit und Struktur Deines Unternehmens kannst Du auch versuchen, Mitarbeiter rotieren
zu lassen. Dabei bekommen sie alle zwei oder drei Monaten einen neuen oder anderen Bereich zugewiesen.
Das hat den Vorteil, dass ihr Job abwechslungsreich ist,
kann für Dich aber auch bedeuten, dass immer wieder
frischer Wind in die verschiedenen Arbeitsbereiche
kommt. Du wirst hier abwägen müssen, in welchen Bereichen Spezialisten gebraucht werden, die nicht rotieren können, und wo ein solcher Wechsel möglich ist.
Manchmal kann es auch schon reichen, wenn Mitarbeiter interne Praktika von ein paar Tagen machen, um zu
verstehen, wie die Kollegen in anderen Abteilungen arbeiten.

Teambuilding

Wenn Du in einer kleineren Firma das Gefühl bekommst, dass etwas im Betriebsklima nicht in Ordnung
ist und die Motivation sinkt, dann kannst Du auch mit

kleineren Maßnahmen eingreifen. Es muss nicht unbedingt einen Arbeitskreis zum Thema Arbeitsplatzzufriedenheit geben. Dennoch können kleine Aktionen dazu beitragen, die Stimmung nachhaltig zu verbessern. Ganz oben bei solchen Aktivitäten steht das Teambuilding. Der Begriff ist etwas irreführend, denn eigentlich geht es darum, Teams zu stärken. Aber natürlich kannst Du auch neue Teams zu einem Teambuilding einladen.

Hinter dem Begriff verbirgt sich eine Menge an unterschiedlichen Methoden. Teambuilding kann im Seminarraum Deiner Firma gemacht werden oder im südamerikanischen Dschungel. Es reicht von Spielen und Bastelstunden bis hin zum knallharten Überlebenstraining. Welche Form des Teambuildings Du wählst, hängt erst einmal von Deinem Budget ab, aber auch davon, was Du erreichen willst.

Wenn es darum geht, neu zusammengesetzte Teams auf spielerische Art und Weise zusammenzubringen und zu motivieren, dann kann das auch inhouse gemacht werden. Soll aber eine ganze Abteilung motiviert werden, oder willst Du einfach Deinen Mitarbeitern etwas Gutes tun, dann kannst Du auch einen etwas anderen Betriebsausflug machen.

Ein Teambuilding ist kein Allheilmittel. Du solltest vorher wissen, welche Probleme es gibt und diese dann versuchen, mit den geeigneten Aktivitäten anzugehen:

Eine Reise-Firma hatte ein Hauptbüro und eines, das in eine andere Stadt ausgelagert wurde. Die Mitarbeiter der beiden Büros kannten sich nur über E-Mail-Kontakt und die jährliche Weihnachtsfeier. Einen Betriebsausflug gab es nicht, auch wenn die Firma nur 30 Angestellte hatte. In dem kleineren Außenbüro mit 10 Angestellten kam es zu einer höheren Fluktuation und zu höheren Quote von Krankheitstagen. Eine Analyse fand heraus, dass sich die Mitarbeiter allein fühlten, keinen Kontakt zur Führung hätten und sich zweiter Klasse fühlten. Ihre Motivation war auf einem absoluten Tiefpunkt angelangt. Daraufhin wurden alle Mitarbeiter zu einem Wochenende für ein Teambuilding eingeladen. Es ging vor allem darum, spielerisch neue Teams zu bilden, die aus beiden Büros bestanden. Ziel war, das man engere Bindungen zwischen Mitarbeitern schaffte. Wichtig war dabei auch, dass man jene Mitarbeiter förderte, die mit den Kollegen aus den anderen Bereichen gut konnten. Nach dem Seminar setzte man sich zusammen und aus dem Kreis der Mitarbeiter kamen einige

Ideen. Eine, die umgesetzt wurde, war, dass es rotierende Mitarbeiter gibt, die mal in dem einen, mal in dem anderen Büro arbeiten können, wenn sie das wollen. Nach einem halben Jahr waren die Krankheitstage geringer und in diesem Zeitraum gab es keine Kündigung. Die Motivation war wieder gestiegen, es gab mehr Eigeninitiative und ein besseres Betriebsklima.

Führungskräfte werden mit ein paar Spielen nicht zufriedengestellt werden. Sie suchen bei einem Outing oft eine große Herausforderung, in der sie sich beweisen können. Sie haben andere Motivationen als ihre Angestellten. Sie wollen zum einen mehr Macht und Einfluss haben, sich zum anderen aber auch gegenüber anderen beweisen können. Auch die Sinnsuche spielt bei Führungskräften eine Rolle, auch wenn diese es selten offen zugeben.

Wenn Du Deine Geschäftsführung wirklich herausfordern willst, dann suchst Du Aktivitäten aus, in denen sie mit Sicherheit komplett überrascht und überfordert wird. Wer bereits Karriere gemacht hat, ist gewohnt, schneller zu sein als andere, höher und weiter zu springen. Damit kommt man aber heute nicht mehr weiter, und das spüren viele auch. Mit den gewohnten Methoden kommen Führungskräfte nicht mehr zum Ziel und dann sinkt auch die Motivation. Frustration spielt hier eine große Rolle. Deshalb müssen sie in Teambuildings lernen, zusammenzuarbeiten und Lösungen in den Vordergrund zu stellen.

Ein kleines Beispiel ist die Marshmallow-Challenge.[28] Dabei muss eine Gruppe aus ein paar trockenen Spaghetti, Schnur und etwas Klebeband sowie einem Marshmallow einen Turm bauen. Bei diesem Spiel geht es darum, iterativ und gemeinsam vorzugehen. In den meisten Fällen werden erst einmal die Alpha-Tiere versuchen, die Führung zu übernehmen. Wenn sie nicht gerade ein Statiker sind, werden sie grandios scheitern.

Genau diese Erfahrung soll aber gemacht werden. Die etwas umfangreichere Version sind dann wirklich die Überlebenstrainings im Dschungel, aber auch Aufenthalte auf einem Bauernhof oder einige Übernachtungen in einem Dorf, in einem komplett unterschiedlichen Kulturkreis, wie zum Beispiel Afrika oder Asien.

---

[28] Wujec, T. (2010): Build a tower, build a team. URL: https://www.ted.com/talks/tom_wujec_build_a_tower_build_a_team/transcript [Stand: 10-11-2019]

Teambuilding und Outings sind keine Betriebsausflüge, mit denen die Mitarbeiter belohnt werden sollen. Sie sollen vielmehr dazu beitragen, die Kultur im Unternehmen aktiv zu leben und gegebenenfalls auch zu verbessern. Ein Unternehmen, dass sich die Mitarbeiterorientierung auf die Fahnen geschrieben hat, wird auch eher solche Aktivitäten anbieten. Konservativ geführte Firmen belassen es meistens bei Weiterbildungsmaßnahmen.

Projekte

Manchmal kann ein wenig Abwechslung auch helfen, Mitarbeiter wieder in Schwung zu bringen, und dazu eignen sich Projekte. In diesen können Deine Angestellten neue Rollen einnehmen, bekommen Verantwortung auf Zeit übertragen und können lernen, in Teams zu arbeiten. Solche Projekte können direkt auf die Arbeit bezogen sein, die sie schon machen, oder aber unternehmensweite Projekte. Wenn es zum Beispiel um die Umgestaltung der Büroräume geht, kannst Du eine abteilungsübergreifende Projektgruppe ins Leben rufen. Viele ältere Mitarbeiter werden motiviert, wenn sie in solchen Teams mitarbeiten können. Du kannst auch in bestehende Projekte Personal aus anderen Arbeitsbereichen einladen, um neue Perspektiven und Ideen zu bekommen. Gleichzeitig wertest Du Deine Mitarbeiter auf, weil Du zeigst, dass Du an ihren Fähigkeiten über ihren Tagesjob hinaus interessiert bist. Auch hier solltest Du aber nicht Projekte als Allheilmittel sehen und Dein Personal überfordern. Gerade für unternehmensweite Projekte sollten Freiwillige genommen werden, die auch die zusätzliche Arbeit machen können.

Der Betriebsausflug (und die Weihnachtsfeier)

Die beiden Klassiker der Motivationsmethoden in Unternehmen stehen bewusst am Ende der Liste. Sie wurden einst als Highlight des Geschäftsjahres gefeiert, hier ließ das Unternehmen einiges springen, man konnte fünf gerade sein lassen und verdiente Mitarbeiter belohnen. Tatsächlich mögen sich viele auch auf diese Events gefreut haben, und auf jeden Fall konnten sie zu einer besseren Stimmung beitragen. Aber der Motivationsschub, der aus ihnen resultierte, war wenn überhaupt nur von kurzer Dauer.

Der Grund dafür liegt im generellen Ansatz. Mit einem Ausflug und einer Feier werden keine individuellen Bedürfnisse befriedigt. Sie verändern nicht die Situation des einzelnen Arbeitnehmers. Und sie sind selten in eine Motivationsstrategie eingebettet.

Es kann aber auch Ausnahmen geben. Wenn Du zum Beispiel bestimmte Mitarbeiter mit der Organisation beauftragst, die das auch gerne machen wollen, weil es eine willkommene Abwechslung ist, dann hat das sicherlich einen motivierenden Einfluss. Für sie ist das ein kleines Projekt, mit dem sie betraut sind, für das sie Verantwortung übernehmen können. Versuche aber immer, Freiwillige damit zu betrauen und auch solche, die sonst eher weniger im Mittelpunkt stehen und Verantwortung haben.

Betriebsausflüge können ebenfalls eine Motivation sein, wenn es in kleinen Gruppen geschieht und auch einen Bezug zur Arbeit besteht. Eine Reisefirma zum Beispiel kann einen Ausflug in eine Stadt damit verbinden, sich Hotels anzuschauen, die man den Kunden anbietet, oder neue Aktivitäten auszuprobieren. Wenn Mitarbeiter einmal rauskommen, dies aber nicht als Dienstreise gesehen wird, ist das eine geeignete Motivationsmaßnahme.

9.4 Notwendige Voraussetzungen schaffen

Um solche Motivationsmaßnahmen einführen und umsetzen zu können, müssen die notwendigen Voraussetzungen geschaffen sein. Die besten Motivationstechniken nutzen nichts, wenn die Führungsetage nicht wirklich dahintersteht. Wer sich als Chef beim Betriebsausflug nach einer Stunde wegen wichtiger Termine abmeldet, wäre besser gleich ferngeblieben.

Führung muss an Bord sein

Man kann nicht oft genug sagen, dass Motivation auch mit Vertrauen zu tun hat, und das betrifft vor allem Dich als Chef. Du musst 100 % hinter den Maßnahmen stehen, sie auch selbst anwenden und verwirklichen und Deinen Mitarbeitern zeigen, dass Du es ernstmeinst. Wenn der Mitarbeiter des Monats benannt wird, dann ist es Deine Aufgabe, diese Auszeichnung zu vergeben. Es schadet auch nichts, wenn Du selbst ab und an die Lösung benutzt, die Du für kreative Arbeiten eingerichtet hast.

Kreativität als Teil der Unternehmenskultur und -strategie

Wenn Du Kreativität fördern und damit die Motivation steigern willst, musst Du das auch strategisch im Unternehmen festlegen. Es ist nicht mit einem Wochenendseminar oder dem kreativen Nachmittag am Freitag nach 16 Uhr getan, wenn ohnehin schon jeder gedanklich im Wochenende ist. Kreativität muss in der Vision festgelegt sein, sie muss auf allen Ebenen gelten und auch von der Führungsetage gelebt werden. Mitarbeiter merken recht schnell, ob eine Maßnahme eher dazu dient, nach außen als modern und offen dazustehen oder tatsächlich gelebt wird. Ist Letzteres der Fall, wird sich das positiv auf die Motivation auswirken.

Offenheit und Transparenz schaffen

Im amerikanischen Verwaltungssystem hat sich, vor allem beim Militär, die "need to know basis"-Methode eingebürgert. Das bedeutet, dass ein Mitarbeiter immer nur so viele Informationen bekommt, wie er gerade benötigt. Wie wenig diese tatsächlich funktioniert, hat sich schon im Vietnamkrieg gezeigt, als die Generäle keine Ahnung hatten, wie die Lage vor Ort aussah und die Ratschläge der Soldaten an der Front in den Wind schlugen. Die sogenannten Cluster, die man damals eingerichtet hatte, um die Frontabschnitte zu verwalten, waren ein bürokratisches Ungetüm. Der Begriff "Clusterfuck" für eine große Fehlplanung kommt daher.

Moderne Unternehmen sind heute offen und transparent. Je besser ein Mitarbeiter das Gesamtbild versteht, umso eher kann er sich auch mit dem Unternehmen identifizieren. Es muss nicht gleich jeder Zugriff auf alle Daten haben, aber Entscheidungsprozesse sollten transparent sein, die Kommunikation offen und ehrlich und vor allem auch zeitnah sein. Außerdem solltest Du auch darauf achten, dass diese Kommunikation immer in beiden Richtungen funktioniert. Versuche, Deine Mitarbeiter auch dahingehend zu motivieren, dass sie regelmäßig mit Dir kommunizieren.

10. Motivationsmanagement

Der Motivation liegen meistens ein paar Begriffe zugrunde, die neben der Persönlichkeit des Mitarbeiters und dem Führungsstil eine Rolle spielen. Dabei geht es um das Potenzial des Mitarbeiters und seine Fähigkeiten, die Art der Arbeit und die Entlohnung. Man kann das auf eine einfache Formel bringen:

Die Motivation wird größer, wenn

- Chancen zur persönlichen Entfaltung und Weiterbildung vorhanden sind.

- Die Belohnung angemessen ist.

- Ein Mitarbeiter sich entwickeln darf und das gefördert wird.[29]

---

[29] Gürthner, B. (2005): Motivationsmanagement als Führungsaufgabe, S.1. Online-Lehrbuch-Verhaltensprozesse. URL: http://www.online-lehrbuch-bwl.de/lehrbuch/kap4/motivmgt/motivmgt.pdf [Stand: 26-11-2019]

10.1 Gehalt

Um die Bedeutung des Gehalts für die Motivation streiten sich Psychologen und Betriebswirtschaftler seit Jahrzehnten. Unbestritten ist, dass ein zu niedriges Gehalt demotivierend wirken kann. Welche Rolle es als Anerkennung für die geleistete Arbeit und als Entgelt für den Zeitaufwand spielt, wird aber nach wie vor diskutiert. Im Online-Lehrbuch Personalführung heißt es dazu:

"Nach motivationstheoretischen Ansätzen werden die Arbeitsleistung und Arbeitszufriedenheit noch von anderen Faktoren maßgeblich beeinflusst: (Maslow betont die Möglichkeit zur Selbstverwirklichung, Herzberg die Bedeutung des Arbeitsinhalts und der Anerkennung.) "

"Untersuchungen haben gezeigt: Entlohnungssysteme sind hinsichtlich ihrer Motivationskraft erfolgreicher, wenn

- die Leistung Gegenstand der Bezahlung ist,

- es breit gefächert, variabel einsetzbar und individuell gestaltet ist,

- eine situative Anpassung erfolgt,

- das System transparent ist,

- bewusst offen kommuniziert wird und

- die individuelle Entlohnung vertraulich erfolgt."[30]

Du sollest also versuchen, das Gehalt als eine individu-elle Motivationsmöglichkeit zu verstehen. Wenn Du nicht gerade tarifgebunden bezahlen musst, kannst Du alle Gehälter mit den jeweiligen Angestellten aushan-deln. Die Zeiten von Gehaltsklassen sind eigentlich vor-bei und nur noch im öffentlichen Dienst, im Gesund-heitswesen und in den Köpfen einiger Gewerkschaftler zu finden. Einem Mitarbeiter zu sagen, er steigt in die nächste Gehaltsklasse auf, ist weniger motivierend als ihm mitzuteilen, dass er wegen seiner guten Leistungen eine Gehaltserhöhung von XX Euro bekommt. Automa-tische Gehaltserhöhungen sind immer seltener, weil da-mit die Zeit belohnt wird, die man verbracht hat, aber nicht unbedingt die erbrachte Leistung.

---

[30] Gürthner, B. (2005): Motivationsmanagement als Führungsauf-gabe, S 5. Online-Lehrbuch-Verhaltensprozesse. URL: http://www.online-lehrbuch-bwl.de/lehrbuch/kap4/motivmgt/mo-tivmgt.pdf [Stand: 26-11-2019]

10.2 Arbeitsinhalt

Die Art der Arbeit ist ein wichtiger intrinsischer Motivationsfaktor. Je genauer die Anforderungen der Tätigkeit mit Qualifikation und Kompetenz des Mitarbeiters übereinstimmen, umso größer werden die Arbeitszufriedenheit und Motivation sein.

Deshalb solltest Du bei der Besetzung von Stellen schon darauf achten, dass Qualifikation und Stellenbeschreibung zusammenpassen. Es geht dabei weniger um die formalen Qualifikationen, wie Abschlüsse und Zertifikate, sondern um Erfahrung und Kompetenz. Gleichzeitig wirst Du aber auch Luft nach oben lassen müssen, damit sich der Mitarbeiter weiterbilden und -entwickeln kann. In vielen Fällen dürfen Bewerber deshalb leicht unterqualifiziert sein, wenn Du den Eindruck hast, sie wollen lernen und weiterkommen. Die Motivation durch Herausforderungen gehört zu den größten in der Arbeitswelt, wenn diese Herausforderungen als positiv angesehen und vermittelt werden. Allzu großer Druck durch unrealistische Zielvereinbarungen kann diese Motivation schnell wieder abebben lassen. Versuche von Deinen Mitarbeitern deshalb immer nur so viel zu fordern, wie sie auch realistisch in der Lage sind umzusetzen.

Zum Arbeitsinhalt gehört auch, dass Aufgaben vielschichtig sind. Niemand möchte heute mehr stupide und immer wiederkehrende Tätigkeiten machen. Es liegt an Dir als Unternehmer oder Vorgesetzter, einen Arbeitsplatz so zu gestalten, dass er attraktiv und abwechslungsreich ist. Das ist eine der gravierenden Veränderungen in der modernen Arbeitswelt. Arbeitgeber sind heute gefordert, die Arbeitsumgebung so zu gestalten, dass sie damit für hochqualifizierte und engagierte Bewerber interessant wird. Der Arbeitsmarkt ist heute vor allem von der Nachfrage getrieben, was bedeutet, dass sich gute Bewerber die Jobs aussuchen können.

10.3 Arbeitszeit

Die 40-Stunden-Woche oder sogar weniger Arbeitsstunden werden zwar heute immer noch in Arbeitsverträgen festgeschrieben, haben aber mit der Realität kaum mehr etwas zu tun. Ähnliches gilt für Überstundenregelungen. In Jobs mit einem mittleren Einkommen wird von den Mitarbeitern erwartet, ihre Arbeit selbstverantwortlich in einer gewissen Zeit erledigen zu können. Stechuhren gehören der Vergangenheit an, und die Fingerabdruckscanner werden meistens nur aus Sicherheitsgründen benutzt, damit man weiß, wer sich im Gebäude befindet. Grundsätzlich sind Zeitüberwachungs- und Zeiterfassungssysteme der Motivation eher abträglich. Es gibt aber auch Ausnahmen. Dann nämlich, wenn die Zeit, die ein Mitarbeiter für seine Arbeit braucht, einem Kunden berechnet wird, direkt oder indirekt. Bei vielen Beratungsunternehmen ist das der Fall, aber auch im Software- und Entwicklungsbereich. Dann müssen auch Personenstunden erfasst werden, aus denen aber nicht automatisch die Wochenarbeitszeit abgeleitet wird. Dieser Begriff stammt noch aus der Produktionsgesellschaft, in der an Maschinen gearbeitet wurde. Die meisten Menschen verrichteten dabei eine gleichförmige Arbeit, die einfach per Stunde abgerechnet wurde. Heute bezahlst Du Deine Mitarbeiter aber nicht dafür, wie viele Produkte sie innerhalb eines bestimmten Zeitraumes schaffen, sondern für ihre Denkleistung. Im modernen Büro müssen Aufgaben erledigt werden, die nur schwerlich in Zeitpakete verpackt werden können.

Je flexibler Arbeitszeit in Deinem Betrieb gehandhabt wird, umso mehr wird sich das auf das Betriebsklima auswirken. Allerdings solltest Du die Motivation der Mitarbeiter nicht ausnutzen. Wer jeden Monat drei Samstagsschichten fordert oder die Mitarbeiter nicht vor 19 Uhr nach Hause schickt, wird das schnell zu spüren bekommen.

Eine flexible Arbeitszeit bedeutet heute auch, dass es eine Vereinbarkeit von Familie und Beruf gibt. Wer kranke Kinder zu Hause hat, muss auch einmal die Möglichkeit haben, das Homeoffice zu nutzen. Andere flexible Arbeitszeitmodelle sind die **Gleitzeit, Vertrauensarbeitszeit, Kernarbeitszeit** und das **Job-Sharing.** Interessant ist auch die **Altersteilzeit.** Mit dieser wollte der Gesetzgeber den Übergang vom Arbeitsleben in den Ruhestand einfacher machen und auch neue Arbeitsplätze für junge Angestellte schaffen.

"Die neuere und heute fast ausschließlich genutzte Form der Altersteilzeit ist das Blockmodell. Hierbei wird die Altersteilzeit in zwei gleich lange Beschäftigungsphasen unterteilt. In der ersten, sogenannten Arbeitsphase bleibt die wöchentliche Arbeitszeit ungekürzt. In der zweiten Phase, der Freistellungsphase, wird der Arbeitnehmer von seiner Arbeitsleistung freigestellt. Über die Gesamtdauer ergibt sich also auch hier eine Reduzierung der Arbeitszeit."[31]

Du kannst aber natürlich auch individuelle Vereinbarungen mit älteren Mitarbeitern treffen, zum Beispiel, wenn diese ab dem 63. Lebensjahr die Arbeitszeit um 30 Prozent verringern wollen. In allen Fällen wird eine den Bedürfnissen der Mitarbeiter angepasste Arbeitszeit die Motivation erhöhen. Selbstverständlich ist dabei, dass die Flexibilität nicht zulasten der Prozesse in Deinem Unternehmen gehen darf.

Eine Studie der Managementberatung Towers Perrin hatte 2007 herausgefunden, dass vor allem die Deutschen eine flexible Arbeitszeit und mehr Work-Life-Balance wollen.

Erfolgreiche Mitarbeiter zu gewinnen, zwingt Unternehmen zu einem Spagat: Denn wie die Studienergebnisse zeigen, wünschen sich Arbeitnehmer Dinge, die auf den ersten Blick nicht leicht miteinander zu vereinen sind: Einerseits ist ihnen eine

---

[31] PROFCON: Vorzeitiger Ruhestand. URL:https://www.profcon.de/personal/loslassen/vorzeitiger-ruhestand/ [Stand: 16-12-2019]

herausfordernde Tätigkeit mit Karrieremöglichkeiten und guter Bezahlung wichtig. Auf der anderen Seite aber fordern sie auch eine gute Work-Life-Balance mit flexiblen Arbeitszeiten und einer angemessenen Arbeitsbelastung. (...) Auffällig ist, dass neben "weichen", nicht monetären, Faktoren besonders das Arbeitsumfeld eine wichtige Rolle bei der Wahl des Arbeitgebers spielt. So sind das Renommee des Unternehmens als guter Arbeitgeber und dessen Standort von großer Bedeutung für die Attraktivität eines Arbeitgebers.[32]

10.4 Zielvereinbarungen

Zielvereinbarungen sind ein sehr anspruchsvolles und zeitintensives, aber auch effizientes Führungsinstrument. Gleichzeitig können sie, richtig eingesetzt, auch den Mitarbeiter motivieren. Dabei solltest Du die Ziele immer gemeinsam mit dem Angestellten besprechen und festlegen. Dadurch ist er oder sie mit an Bord, es entsteht eine Eigenverpflichtung und eine Verantwortung gegenüber den Zielen. Deine Mitarbeiter können

---

[32] TowersPerrin Global Workforce Study (2007): Was Mitarbeiter bewegt zum Unternehmenserfolg beizutragen – Mythos und Realität, Deutschland Report, S. 7

sich bei einer gemeinsamen Formulierung mit den Zielen identifizieren und sind motivierter, diese auch zu erfüllen.

Ein anderer Vorteil bei einer gemeinsamen Zielerstellung ist, dass Mitarbeiter meist am besten wissen, was erreicht werden kann. Dein Job wird meistens sein, lediglich die Messlatte ein klein wenig höher zu legen, um den Mitarbeiter noch etwas anzuspornen. Dabei solltest Du ihnen aber auch einen gewissen Handlungsspielraum geben. Nicht alle Ziele können erreicht werden.

Die Mitarbeiter erhalten über die Zielvereinbarung auch die Möglichkeit, ihre Arbeit eigenständig zu planen und zu verwalten. Sie dürfen selbstständig arbeiten, haben aber auch gleichzeitig eine Orientierung.

Tipps für Zielvereinbarungen

1. Die Ziele müssen realistisch sein. Es geht darum, den Mitarbeiter zu Höchstleistungen anzuspornen, nicht aber utopische Verkaufszahlen zu erreichen. Du kannst hier die SMART-Formel anwenden: Spezifisch, messbar, attraktiv. Realistisch und terminiert.

2. Weniger ist mehr: Die Zahl der Ziele sollte unbedingt überschaubar sein. Mehr als 5 Ziele für einen mittleren Zeitraum sollten es nicht sein. Letztlich hängt das aber auch von der Art der Ziele und dem Unternehmen ab.

3. Ziele sollten messbar sein, und möglichst aktuell. Ein Mitarbeiter wird sich motiviert fühlen, wenn er Ziele grafisch aufbereitet sehen kann und damit auch das Ziel vor Augen hat. Es ist so wie bei einer Smartwatch, die Dir anzeigt, wie viele Deiner 10.000 Schritte am Tag Du schon erledigt hast. Bleiben am Abend noch 2.000 Schritte, wirst Du meistens noch einmal eine Runde ums Haus laufen, um Dein Ziel zu erreichen. Allerdings sind nicht alle Ziele messbar: Man unterscheidet zwischen qualitativen und quantitativen Zielen.

4. Ziele sollten dokumentiert weren: Am besten schreibst Du sie gemeinsam mit Deinem Mitarbeiter nieder. Wenn ihr eine entsprechende Software habt, sollten die Ziele auch darin eingefügt werden. Bei Verkäufern zum Beispiel kann das im CRM-System eingepflegt werden.

5. Verantwortung: Der Mitarbeiter muss auch die Möglichkeit haben, die Ziele eigenständig zu erreichen. Wer für jeden Schritt ein Formular ausfüllen muss, wird schnell frustriert sein.

6. Vorsicht bei älteren Mitarbeitern: Sie brauchen keinen Druck, sondern Herausforderungen. Hier sind qualitative Ziele (Entwurf der neuen Webseite, Konzept fürs social Marketing in y Wochen fertigstellen) meist besser als die Verkaufszahlen oder geschriebene Lines of Code festzulegen.

Beispiele für Zielformulierungen:

- x neue Kundenkontakten in y Monaten

- x % mehr page impressions in y Monaten

- Conversion-Rate-Steigerung um x % in y Wochen

- x Shares und z Gefällt-mir bei Facebook in x Wochen

- x Artikel in Publikationen A, B, und C in den nächsten y Monaten

- Marktanteil im nächsten Geschäftsjahr um x % steigern

- Verkauf um x % in y Monaten steigern

- Einsparung um x % beim Einkauf in y Monaten

- Reduzierung der Zeit um x % in den Prozessen A, B und C in y Monaten

10.5 Maßnahmen für ältere Mitarbeiter

Ältere Mitarbeiter, vor allem wenn sie die 60 überschritten haben, werden oft andere Anforderungen an die Arbeitsplatzgestaltung und andere Motivationsmaßnahmen haben als die jüngeren Kollegen. Sie brauchen keinen Flipperautomaten, dafür aber gute Stühle, die den Rücken schonen.

Bei großen Unternehmen mit vielen älteren Mitarbeitern lohnen sich auch breite Maßnahmen, die übrigens durchaus auch von anderen Angestellten genutzt werden können. Wenn es ein Werksgelände gibt, können schon Fahrräder eine kleine Hilfe sein, um viele Laufstrecken leichter bewältigen zu können. Im Produktionsprozess können Bewegungspausen eingefügt werden, die Maschinen werden dann kurz angehalten. Im Büro kannst Du Bewegung manchmal dadurch fördern, dass man zum Drucker ein Stück laufen muss. Im Bereich der Weiterbildung brauchen ältere Mitarbeiter weniger Managerseminare, freuen sich dafür aber mehr über Rückenschule oder Ernährungsseminare. Diese können auch den anderen Mitarbeitern von Vorteil sein.

Überhaupt sind spezielle Bedürfnisse von älteren Mitarbeitern oft ein Anlass, den Arbeitsplatz generell besser und auch gesünder zu gestalten. Das betrifft ergonomische Stühle und Tische, aber auch Hebe- und Tragehilfen und sogar eine Umgestaltung der Fließbänder und Montage, zum Beispiel im U-Konzept.

Du kannst aber auch über Gesprächsrunden die Arbeit der Senioren im Unternehmen schätzen und ihre Erfahrung so weitergeben. Jedes Unternehmen hat eine Geschichte und wer lange dabei ist, kann sie am besten erzählen. Deshalb eignet sich langjähriges Personal auch bestens für Einführungsseminare und als Schatten in den ersten Wochen von neuen Mitarbeitern.

Und selbst bereits (früh-) pensionierte Angestellte kannst Du mit Beraterverträgen oder Teilzeitarbeit weiterhin an Deine Firma binden, und damit auch weiterhin deren Erfahrung nutzen.

Altersgerechte Arbeitszeiten

Die Arbeitszeit spielt eine besondere Rolle für Ältere, auf der Wunschliste stehen flexible Zeiten immer ganz oben. Dabei bieten sich verschiedene Konzepte an, die auf die Bedürfnisse und Fähigkeiten der Senioren eingehen. Dazu gehören:

- Arbeitszeitkonten, die eine lange Laufzeit haben, und die Möglichkeit, Urlaub anzusparen. Mitarbeiter können sich so besser erholen, aber es bindet auch alle anderen Beschäftigten mehr ans Unternehmen.

- Vertrauensarbeitszeit: Ältere Mitarbeiter wissen, was sie tun, und wollen für ihre Leistung bezahlt werden und nicht dafür, dass sie wirklich bis 17 Uhr am Schreibtisch gesessen haben. Selbstverantwortung spielt hier eine große Rolle.

- Altersgerechte Pausen: Menschen über 55 Jahre brauchen manchmal mehr, dafür aber kürzere Pausen oder wollen sich diese selbst einteilen können. Solange das im Betriebsablauf möglich ist, sollte man das auch erlauben.[33]

Die oben bereits erwähnte KSB-Gruppe erarbeitete ein Konzept, das für spezifische Altersgruppen Maßnahmen vorsah, die erfolgreich eingeführt wurden. Im Detail sahen die Vorschläge so aus:[34]

Die Maßnahmen wurden nach Altersgruppen gestaffelt:

Ab 55 Jahren: In den Beurteilungsgesprächen wird auch auf das Alter und die Sichtweise des Mitarbeiters eingegangen. Damit kann man auch besser sicherstellen, wo sie am besten eingesetzt werden.

Bei IT-Workshops können Ältere zunächst unter sich bleiben, weil sie besser voneinander lernen und nicht den Druck haben, mit den oft technisch

---

[33] Toolbox Fachkräftesicherung: 2. Beschäftigungs- und Innovationsfähigkeit erhalten. URL: http://www.fachkraefte-toolbox.de/fachkraefte-gewinnen/generation-50-plus/2-beschaeftigung-erhalten/ [Stand: 5-11-2019]

[34] Zisgen, A. (2005): Motivierende Arbeitsstrukturen für ältere Mitarbeiter, S. 66 f. In: RKW Arbeitskreis "Gesundheit im Betrieb": Älter werden im Betrieb – Dokumentation der Fachveranstaltungen, S. 63-68

versierteren jüngeren Kollegen mithalten zu müssen. Der werksärztliche Dienst bietet einen gratis Check-up an.

Ab 58 Jahren: Schichtdienst ist für ältere Betriebsangehörige oftmals belastend, vor allem wenn sie in der Produktion arbeiten. Auf Wunsch können sie von Nachtschichten befreit werden, auch ohne ein ärztliches Gutachten vorlegen zu müssen.

Wenn das Guthaben auf dem Langzeitarbeitskonto hoch genug ist, können Mitarbeiter auch die Wochenarbeitszeit reduzieren. Nach zwei Jahren zum Beispiel sollte das Guthaben bereits ausreichend sein.

Ab 60 Jahren: Mitarbeiter, die seit 25 Jahren oder länger in der Firma sind, werden keine Gehaltskürzungen in Kauf nehmen müssen, wenn sie versetzt werden oder in anderen Bereichen eingesetzt werden.

Wenn ältere Führungskräfte von Managementaufgaben entbunden werden wollen, bekommen sie die Unterstützung des Unternehmens, es werden ihnen ähnliche Jobs angeboten, ohne dass das Gehalt gekürzt wird.

Ab 63 Jahren: Mitarbeiter bekommen 3 Tage mehr Urlaub, wenn ihnen der Jahresurlaub nicht zur Erholung ausreicht. Werden sie länger krank, bekommen sie das Gehalt einmalig drei Monate lang bezahlt.

Weitere Maßnahmen:

Auch ohne Altersgrenzen kann man Maßnahmen einführen. So hat das Patenmodell keine Auswirkungen auf das Gehalt (wird also voll bezahlt). Wenn es um die Nachfolge geht, wird sichergestellt, dass es genügend Zeit für eine Übergabe gibt. Außerdem werden von der KSB mehr alternative Arbeitsplätze für Mitarbeiter zur Verfügung gestellt, die gesundheitliche Probleme haben. Wer sich im Laufe seiner Karriere ein breites Fachwissen angeeignet hat, aber keine Führungsaufgabe mehr übernehmen will, kann dieses dennoch einbringen. Diese Mitarbeiter werden auch bei Führungstrainings besonders beachtet. Die Betriebskrankenkasse bietet für alle älteren Mitarbeiter eine jährliche Aktivwoche an. Und wenn der Zeitpunkt der Verrentung näherkommt, hilft das Unternehmen bei der Vorbereitung auf diesen neuen Lebensabschnitt.

11. Zusammenfassung

Motivierte Mitarbeiter leisten mehr, sind der Firma treu und helfen auch, das Betriebsklima zu verbessern. Und dennoch gibt es viele Unternehmen, die als Motivationshilfen Einzelmaßnahmen durchführen, statt eine Strategie zu formulieren. Mit diesem Buch wollen wir Dir die verschiedenen Wege aufzeigen, damit Du am Ende einen gefüllten Werkzeugkasten und ein paar Anleitungen hast. Du solltest jetzt in der Lage sein, einen Plan zu formulieren – am besten zusammen mit einigen Angestellten – welche der vorgeschlagenen Maßnahmen am besten passen, wie sie eingebettet werden können und welche Ziele damit verfolgt werden. Letzteres ist wichtig, denn sonst besteht die Gefahr, dass Du ein Feuerwerk an Motivationshilfen abbrennst, ohne ein wirkliches Ziel vor Augen zu haben.

Hier noch einmal 10 wichtige Tipps für den Alltag.

10 Tipps für die Mitarbeitermotivation

1. Schätze und respektieren Deine Mitarbeiter.

2. Frage Deine Mitarbeiter um Rat und bitte sie um Hilfe.

3. Überrasche Dein Personal.

4. Lass den Spaß nicht zu kurz kommen.

5. Gratulieren jedem Mitarbeiter zum Geburtstag, Hochzeit und anderen wichtigen Gelegenheiten.

6. Stelle das Team in den Mittelpunkt.

7. Halte Dich bei Meetings zurück.

8. Lass die Fachleute die Tagesordnung formulieren.

9. Investiere in die Weiterbildung.

10. Höre Deinen Mitarbeitern zu.

Es gibt ein Bild eines Eisbergs, das oft als Führungsignoranz betitelt wird. Laut diesem Bild weiß die Führung nur etwa 4 % von dem, was wirklich im Unternehmen geschieht (die Spitze des Eisbergs), die mittleren Ebenen ca. 9 %. Unter der Wasserlinie liegen die Angestellten, welche die Tagesarbeit machen und meistens zu 100 % wissen, was los ist. Je mehr sich diese abgeschnitten fühlen, umso mehr sinkt auch die Motivation.[35]

Information findet in einem Unternehmen immer einen Weg nach unten, selten aber nach oben. Deine Sekretärin wird natürlich anderen Mitarbeitern Bescheid geben, wenn Du tagelang mit Sorgenfalten ins Büro kommst und viele Termine bei der Bank hast. Aber wird sie (und vor allem darf sie) Dir auch sagen, welche Stimmung in der Produktion herrscht oder welche Probleme die Mitarbeiter im Verkauf haben? Mitarbeitermotivation fängt wie alles bei der Führung an, und deshalb haben wird diesem Thema hier auch etwas Raum gegeben.

Viel Spaß bei der Motivation Deiner Mitarbeiter und vergesse auch Dich selbst nicht dabei.

---

[35] Innovisor (2018): Who is to Blame for the Disconnect Between Employees and Executives? URL: https://www.innovisor.com/2018/10/19/who-is-to-blame-for-the-disconnect-between-employees-and-executives/ [Stand: 5-12-2019]

Rechtliches und Impressum

1. Auflage

Copyright 2024 – Malte Schabitz

ISBN: 978-3-98935-500-2

Lucid Page Media (ein Imprint der Orbita Media GmbH)

Ericusspitze 4

20457 Hamburg

Deutschland

kontakt@lucidpagemedia.de

Umschlaggestaltung: chaela (www.chaela.de)

Formatierung: Malte Schabitz

Quellenverzeichnis

Bohulskyy Y.; Erlinghagen, M.; Scheller, F. (2011): Arbeitszufriedenheit in Deutschland sinkt langfristig – Auch geringe Arbeitszufriedenheit im europäischen Vergleich. Aktuelle Forschungsergebnisse
aus dem Institut Arbeit und Qualifikation, IAQ-Report: 2011-03

D'Onfro, J. (2015): The truth about Google's famous '20% time' policy. URL: https://www.businessinsider.com/google-20-percent-
time-policy-2015-4 [Stand: 2-12-2019]

Dumdum, U. R.; Lowe, K. B. & Avolio, B. J. (2002): A meta-analysis
of transformational and transactional leadership correlates of effectiveness and satisfaction - An update and extension. In: Avolio,
B. & Yammarino, F. (Hrsg.): Transformational and charismatic leadership: The road ahead, S. 35-66, Amsterdam: JAI

Essay, UK (2018): Case Study On Motivating Employees Management Essay. URL: https://www.ukessays.com/essays/manage-
ment/case-study-on-motivating-employees-management-es-
say.php?vref=1 [Stand: 10-12.2019]

Familien in Baden-Württemberg – Report Väter (2014), Ausgabe
3/2014

Gawronski (2011): Vorgesetztenbeurteilung als Modernisierungsaspekt

geva-institut: Länderportrait Deutschland – Arbeitszufriedenheit
und Führungsstil. URL; https://www.mitarbeiterbefragun-
gen.de/mitarbeiterbefragung-laenderportraet-deutschland [Stand:
4-11-2019]

Gugl, P. (2014): Mitarbeitermotivation in Abhängigkeit vom Lebensalter, dargestellt am Beispiel eines Ingenieurbüros, Mittweida

Gürthner, B. (2005): Motivationsmanagement als Führungsaufgabe. Online-Lehrbuch-Verhaltensprozesse. URL: http://www.on-line-lehrbuch-bwl.de/lehrbuch/kap4/motivmgt/motivmgt.pdf [Stand: 26-11-2019]

Haarhaus, B.: Herzbergs Zwei-Faktoren-Theorie. URL: https://arbeitszufriedenheit.net/herzbergs-zwei-faktoren-theorie/ [Stand: 11-12-2019]

Herkimer College – Suny / Nagle, K.: 6.7 Optional Case Study – Motivation at Xerox. URL: https://courses.lumenlearning.com/suny-hccc-orgbehavior/chapter/6-7-motivation-key-for-success-the-case-of-xerox/

Innovisor (2018): Who is to Blame for the Disconnect Between Employees and Executives? URL: https://www.innovisor.com/2018/10/19/who-is-to-blame-for-the-disconnect-between-employees-and-executives/ [Stand: 5-12-2019]

Josef, H. (2016): Einfluss der Führungskraft auf die Mitarbeitermotivation, St. Andrä

Kleppeck, S. (2019): Motivation: Definition und Anwendung – Mitarbeitermotivation.URL: https://www.personalwissen.de/motivation-mitarbeitermotivation/ [Stand: 28-11-2019]

Mai, J. (2015): Mitarbeiter motivieren – 31 Tipps und Beispiele. URL: https://karrierebibel.de/mitarbeiter-motivieren-beispiele/ [Stand: 20-11-2019]

Nurun Nabi; Islam M.; Dip T. M., Hossain, A. A. (2017) Impact of Motivation on Employee Performances: A Case Study of Karmasangsthan Bank Limited, Bangladesh. Arabian Journal of Business and Management Review, Vol. 7: 293

Pfau, B. B. (2015): How an Accounting Firm Convinced Its Employees They Could Change the World. URL: https://hbr.org/2015/10/how-an-accounting-firm-convinced-its-employees-they-could-change-the-world [Stand: 18-11-2019]

Plahl, S. (2017): Die "neuen" Väter – eine Illusion? URL: https://www.swr.de/swr2/programm/neue-vaeter,broadcastcontrib-swr-20922.html [Stand: 12-12-2019]

Polymer Solutions News Team (2015): Reflections from a CEO Sabbatical. URL: https://www.polymersolutions.com/blog/reflections-from-a-ceo-sabbatical/ [Stand: 23-11-2019]

PROFCON: Vorzeitiger Ruhestand. URL:https://www.profcon.de/personal/loslassen/vorzeitiger-ruhestand/ [Stand: 16-12-2019]

Roßnagel, C. R. (2009): Die Arbeitsmotivation älterer Beschäftigter: Eine Frage des Profils! In: Marie-Luise und Ernst Becker Stiftung: Gesundheit, Qualifikation und Motivation älterer Arbeitnehmer - messen und beeinflussen, Dokumentation der Tagung am 01. und 02. Oktober 2009 in Bonn, S. 126-150

Scherny, J. (2012): Mitarbeitermotivation – eine geeignete Maßnahme gegen Unzufriedenheit am Arbeitsplatz?

Toolbox Fachkräftesicherung: 1. Warum rechnet sich die Beschäftigung Älterer? URL: http://www.fachkraefte-toolbox.de/fachkraefte-gewinnen/generation-50-plus/1-gruende-fuer-aeltere/ [Stand: 5-11-2019]

Toolbox Fachkräftesicherung: 2. Beschäftigungs- und Innovationsfähigkeit erhalten. URL: http://www.fachkraefte-toolbox.de/fachkraefte-gewinnen/generation-50-plus/2-beschaeftigung-erhalten/ [Stand: 5-11-2019]

Toolbox Fachkräftesicherung: Erfolgreich mit Erfahrungen der Generation 50 Plus. URL: http://www.fachkraefte-toolbox.de/fileadmin/media/Projektwebsites/Fachkraefte-Toolbox/Dokumente/service/08_50Plus_090826.pdf [Stand: 6-11-2019]

TowersPerrin Global Workforce Study (2007): Was Mitarbeiter bewegt zum Unternehmenserfolg beizutragen – Mythos und Realität, Deutschland Report, S. 7

Wujec, T. (2010): Build a tower, build a team. URL: https://www.ted.com/talks/tom_wujec_build_a_tower_build_a_team/transcript [Stand: 10-11-2019]

Zisgen, A. (2005): Motivierende Arbeitsstrukturen für ältere Mitarbeiter. In: RKW Arbeitskreis "Gesundheit im Betrieb": Älter werden im Betrieb – Dokumentation der Fachveranstaltungen, S. 63-68